AF282929

Introducción a la ciberseguridad industrial avanzada

Yolanda López Benítez

ic editorial

Introducción a la ciberseguridad industrial avanzada
© Yolanda López Benítez

1ª Edición

© IC Editorial, 2025

Editado por: IC Editorial
c/ Cueva de Viera, 2, Local 3
Centro Negocios CADI
29200 Antequera (Málaga)
Teléfono: 952 70 60 04
Fax: 952 84 55 03
Correo electrónico: iceditorial@iceditorial.com
Internet: www.iceditorial.com

ISBN: 978-84-1184-630-1
Depósito Legal: MA 339-2025

Impresión: PODiPrint
Impreso en Andalucía – España

Nota de la editorial: IC Editorial pertenece a Innovación y Cualificación S. L.

Índice

OBJETIVOS GENERALES

Los objetivos generales del título **Introducción a la ciberseguridad industrial avanzada,** son los siguientes:

- ⮑ Introducción a los aspectos específicos relacionados con la ciberseguridad en el entorno industrial, como sistemas ICS-SCADA, redes industriales, amenazas y estándares, para comprender todos los componentes que pueden comprometer la ciberseguridad industrial y la relación entre ellos.
- ⮑ Desarrollar habilidades para mejorar la capacidad para reconocer, prevenir y mitigar las amenazas y vulnerabilidades en entornos industriales, aplicando estándares, adoptando buenas prácticas y utilizando herramientas de ciberseguridad para proteger los sistemas de control y los activos industriales críticos.

Introducción a la ciberseguridad industrial avanzada. Redes y protocolos industriales

Contenido

Objetivos

El objetivo general de esta Unidad de Aprendizaje es:

→ Introducción a los aspectos específicos relacionados con la ciberseguridad en el entorno industrial, como sistemas ICS-SCADA, redes industriales, amenazas y estándares, para comprender todos los componentes que pueden comprometer la ciberseguridad industrial y la relación entre ellos.

Los objetivos específicos de esta Unidad de Aprendizaje son:

→ Conocer las normas de seguridad y salud laboral, así como de las instrucciones técnicas de instalación.

→ Analizar los conceptos de seguridad y sus riesgos asociados en plantas industriales.

→ Conocer la seguridad de la información y la tecnología aplicada a procesos industriales.

1. Introducción

La **ciberseguridad industrial** se ha convertido en un pilar esencial en las plantas industriales modernas, donde la digitalización y la interconectividad traen consigo tanto oportunidades como importantes riesgos.

En este entorno, el cumplimiento de las normas de seguridad y salud laboral, junto con las instrucciones técnicas de instalación, no solo protege a los trabajadores y las operaciones, sino que también garantiza la integridad de los sistemas críticos. Por ello es fundamental despertar el interés por la seguridad de la información y la tecnología aplicada a procesos industriales, promoviendo una actitud proactiva frente a las amenazas emergentes.

Conocer los conceptos de seguridad y los riesgos asociados en las instalaciones industriales permite al personal cualificado identificar y mitigar vulnerabilidades antes de que se traduzcan en fallos catastróficos. En este contexto, Mario, un ingeniero comprometido con la seguridad de TechSystems, nos guiará a través de su experiencia, ayudándonos a comprender y aplicar estos principios en situaciones reales.

2. Identificación de los componentes ICS/SCADA

☞ HILO CONDUCTOR

En su primer día en la planta, Mario se encuentra con un ecosistema complejo compuesto por sistemas ICS y SCADA, esenciales para la supervisión y el control de procesos industriales. Mientras realiza un recorrido inicial, recuerda que las diferencias entre la ciberseguridad IT y OT son clave para proteger estos entornos críticos. Observa cómo cada componente, desde los controladores lógicos programables (PLC) hasta las estaciones HMI *(Human-Machine Interface)*, interactúan para mantener la producción en marcha, y empiezan a mapear los puntos vulnerables que podrían comprometer la seguridad del sistema.

En las plantas industriales más innovadoras, los **sistemas ICS *(Industrial Control Systems)*** y **SCADA *(Supervisory Control and Data Acquisition)*** son el núcleo de las operaciones. Permiten el monitoreo y control de procesos críticos, como la producción de productos, el suministro de energía o incluso la distribución del agua. Para proteger estos sistemas, es fundamental entender cómo funcionan, qué los compone y por qué son diferentes de los sistemas informáticos tradicionales conocidos como **Information Technology** o **IT**.

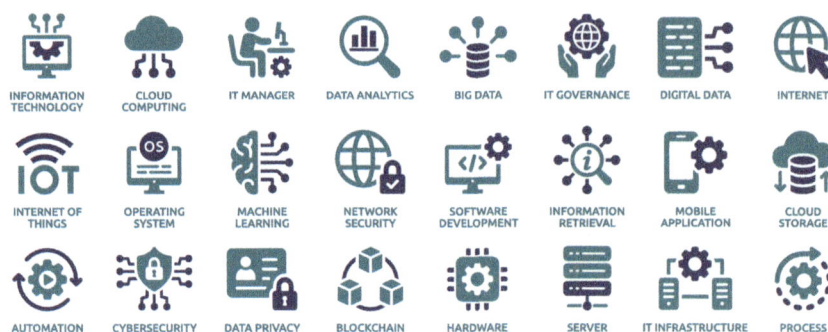

Los sistemas IT son aquellos diseñados para gestionar, procesar, almacenar y transmitir información dentro de una organización. Su objetivo principal es facilitar la toma de decisiones, optimizar los procesos administrativos y mejorar la comunicación y colaboración entre las personas.

 **NOTA**

Los sistemas IT están presentes de alguna manera en todas las empresas y negocios. Son esenciales para tareas como la gestión de datos de la clientela, la comunicación por correo electrónico, el uso de aplicaciones empresariales o la protección de información sensible.

2.1. Diferencias entre la ciberseguridad IT y OT

El primer paso para comprender la **ciberseguridad industrial** es distinguir entre los **entornos IT** y **OT**. Aunque ambos gestionan sistemas informáticos, sus objetivos, prioridades y riesgos son muy diferentes. Exploremos estas **diferencias:**

⊃ **Diferencias por objetivos principales:**

    ◔ **IT:** se centra en el manejo de datos, como correos electrónicos, bases de datos y sistemas empresariales. La prioridad es garantizar la confidencialidad, integridad y disponibilidad de la información.

◗ **OT:** su enfoque está en el control y monitoreo de procesos físicos, como líneas de producción o sistemas de energía. La prioridad es la disponibilidad y seguridad de los procesos.
Por ejemplo, evitar que una línea de ensamblaje se detenga debido a un ataque cibernético.

⮌ **Diferencias por impacto de las ciberamenazas:**

◗ **IT:** la materialización de un ataque cibernético puede derivar en pérdida de datos, interrupciones en la comunicación o violaciones de privacidad.
◗ **OT:** un ciberataque puede poner en peligro la vida humana, causar daños físicos en equipos o incluso interrumpir servicios críticos.
Por ejemplo, una intrusión en la red IT podía provocar filtraciones de datos, pero un ataque en OT podría detener la producción de toda la planta.

⮌ **Diferencias por sistemas y tiempos de respuesta:**

◗ **IT:** las actualizaciones y los parches regulares son habituales. Los tiempos de inactividad son tolerables si se programan.
◗ **OT:** los sistemas suelen ser más antiguos y no pueden apagarse fácilmente, ya que cualquier interrupción puede ser catastrófica.
Por ejemplo, planificar una actualización en OT fuera del horario de producción para evitar riesgos.

 ACTIVIDAD COMPLEMENTARIA

1. Reflexiona sobre la siguiente pregunta relacionada con los sistemas informáticos IT y OT. ¿Puedes identificar en tu entorno ejemplos de IT y OT? Piensa en una oficina llena de equipos informáticos frente a una planta industrial con robots en una línea de producción.

Los sistemas IT y OT presentan necesidades de ciberseguridad únicas, derivadas de sus diferencias en objetivos, estructuras y prioridades funcionales. Cada sistema demanda estrategias específicas y medidas técnicas diseñadas para abordar sus particularidades:

⊃ Por un lado, la ciberseguridad IT se enfoca en la protección de datos y la comunicación.

⊃ Mientras que la ciberseguridad OT prioriza la seguridad y continuidad de los procesos físicos críticos.

 IMPORTANTE

La integración efectiva de ambos sistemas es fundamental para lograr operaciones seguras, resilientes y adaptadas a las exigencias del entorno digital actual.

Observa la siguiente tabla, que detalla las **diferencias clave que presentan los entornos IT y OT en cuanto a ciberseguridad** se refiere:

Aspecto	Ciberseguridad IT	Ciberseguridad OT
Prioridad	Confidencialidad e integridad	Disponibilidad y seguridad de las operaciones
Parcheo	Frecuente y automatizado	Planificado y con interrupciones mínimas
Redes	Alta conectividad y acceso a internet	Redes aisladas y segmentadas
Sistemas	Sistemas modernos y actualizados	Infraestructuras heredadas y críticas
Impacto de un ataque	Pérdida de datos, reputación	Daños físicos, riesgo humano, interrupciones

A continuación, podrás explorar medidas específicas para asegurar ambos tipos de sistemas, desde la protección de redes en IT hasta la defensa en profundidad en OT. Además, se te mostrarán dos ejemplos que ilustran cómo estas medidas se aplican en la práctica.

Cada apartado está diseñado para ayudarte a comprender mejor los conceptos y estrategias de ciberseguridad en entornos tecnológicos distintos, pero perfectamente integrados, como el IT y OT. A medida que avances, piensa en cómo podrías aplicar estas medidas en tu propio ecosistema industrial.

Descubre cómo los sistemas IT y OT se interconectan y qué estrategias de ciberseguridad se deben aplicar para protegerlos:

➲ **Ciberseguridad en sistemas IT.** Los sistemas IT manejan datos críticos y sensibles, como información financiera, datos personales de clientes y comunicaciones empresariales. El enfoque de seguridad en IT se centra en proteger los principios de la seguridad de la información: la confidencialidad, la integridad y la disponibilidad de los datos.

   ◑ **Protección de redes y perímetros:**

   ⇳ Uso de *firewalls* **avanzados** para filtrar el tráfico entrante y saliente.
   ⇳ Implementación de **sistemas de detección y prevención de intrusos (IDS/IPS)** para identificar y bloquear actividades maliciosas.
   ⇳ Segmentación de redes mediante VLAN para reducir el impacto de intrusiones.

   ◑ **Gestión de accesos:**

   ⇳ Implementación de **autenticación multifactor (MFA)** para usuarios y sistemas críticos.
   ⇳ Uso de soluciones IAM *(Identity and Access Management)* para administrar permisos basados en roles (RBAC).

   ◑ **Cifrado de datos:**

   ⇳ Cifrado de datos en tránsito mediante protocolos como **TLS 1.2/1.3.**
   ⇳ Cifrado de datos en reposo con **AES-256,** especialmente en bases de datos y sistemas de almacenamiento.

   ◑ **Gestión de vulnerabilidades:**

   ⇳ Aplicación regular de **parches de seguridad** para sistemas operativos y aplicaciones.
   ⇳ Escaneos periódicos con herramientas como **Nessus** o **Qualys** para detectar vulnerabilidades.

   ◑ **Resiliencia ante ataques:**

   ⇳ Realización de copias de seguridad automáticas y pruebas regulares de recuperación.
   ⇳ Implementación de soluciones EDR *(Endpoint Detection and Response)* para responder a ataques en dispositivos finales.

◎ EJEMPLO

Una empresa de comercio electrónico protege su sistema IT de la siguiente manera:

1. Usa *firewalls* de nueva generación para segmentar la red interna y evitar ataques de movimiento lateral.
2. Cifra las transacciones con protocolos TLS 1.3, protegiendo los datos financieros de los clientes.
3. Realiza auditorías semanales para verificar que todos los sistemas operativos están actualizados.

➲ **Ciberseguridad en Sistemas OT.** Los sistemas OT controlan procesos físicos críticos, como líneas de producción, generación de energía o transporte. Aquí, la disponibilidad y seguridad de las operaciones son las prioridades principales, ya que una interrupción puede causar daños materiales o humanos.

◑ **Segmentación de redes:**

  ⇕ Separación estricta entre redes IT y OT mediante *firewalls* y zonas DMZ *(Demilitarized Zone)*.
  ⇕ Uso de protocolos seguros para la comunicación OT, como **OPC UA** en lugar de protocolos antiguos no cifrados, por ejemplo, Modbus.

◑ **Actualización y parches:**

  ⇕ Realización de pruebas extensivas antes de aplicar parches (debido a la naturaleza crítica de OT, es esencial).
  ⇕ Uso de herramientas como **SCADAfence** para identificar sistemas OT desactualizados.

◑ **Monitorización continua:**

  ⇕ Implementación de soluciones especializadas como **Nozomi Networks** o **CyberX** para monitorear el tráfico de red OT y detectar anomalías.
  ⇕ Utilización de sistemas SIEM *(Security Information and Event Management)* adaptados a entornos OT.

○ **Gestión de accesos:**

⇕ Uso de **accesos remotos seguros** mediante redes VPN y autenticación multifactor.

⇕ Implementación de políticas de acceso estricto: solo el personal autorizado puede interactuar con los sistemas OT.

○ **Defensa en profundidad:**

⇕ Protección de equipos físicos con controles de acceso, cámaras de vigilancia y sensores.

⇕ Uso de *firewalls* específicos para OT, como ***TDi ICS-Defender,*** para proteger los dispositivos ICS.

 **EJEMPLO**

En una fábrica, se protege el sistema OT de la siguiente manera:

1. Las redes IT y OT están separadas por una zona DMZ para evitar la propagación de ataques entre ambas.
2. Los PLC se monitorizan en tiempo real con herramientas como *Nozomi Networks* para detectar anomalías en los comandos.
3. Todos los accesos remotos a los sistemas SCADA requieren autenticación multifactor y un túnel VPN cifrado.

 SABÍAS QUE...

Nozomi Networks es una plataforma líder en ciberseguridad industrial, especializada en la supervisión y protección de sistemas de control industrial (ICS) y redes OT. Aunque existen alternativas comerciales, como *Wiz.io, Scrut.io* y *eset PROTECTPLATFORM,* las opciones de código abierto con funcionalidades similares son limitadas.

Una alternativa *open source* que considerar es *Security Onion,* una plataforma de detección y respuesta ante amenazas que integra múltiples herramientas para la

Continúa en página siguiente >>

<< Viene de página anterior

monitorización de redes y análisis de seguridad. Aunque no está específicamente diseñada para entornos OT, puede adaptarse para supervisar redes industriales.

Otra opción es *Snort,* un sistema de detección de intrusiones (IDS) de código abierto que analiza el tráfico de red en tiempo real. Si bien *Snort* no está orientado exclusivamente a entornos industriales, su flexibilidad permite configurarlo para detectar amenazas en redes OT.

Es importante destacar que, aunque estas herramientas ofrecen capacidades de monitoreo y detección, es posible que no proporcionen el mismo nivel de especialización y características avanzadas que soluciones comerciales como *Nozomi Networks.* La elección de una herramienta u otra dependerá siempre de las necesidades específicas del entorno industrial y de los recursos disponibles para su implementación y mantenimiento.

 **APLICACIÓN PRÁCTICA**

Cada sistema tecnológico requiere de estrategias específicas de ciberseguridad, debido a sus prioridades y características únicas. ¿Cuál de las siguientes opciones representa una medida adecuada para proteger los sistemas OT en una planta industrial?

- **Implementación de autenticación multifactor (MFA) para usuarios.**
- **Separación estricta entre redes IT y OT mediante *firewalls* y zonas DMZ.**
- **Cifrado de datos en reposo con AES-256 para bases de datos.**
- **Uso de soluciones IAM *(Identity and Access Management)* para administrar permisos.**

Solución

La separación entre redes IT y OT utilizando *firewalls* y zonas DMZ es una medida fundamental para proteger sistemas OT. Esto asegura que las amenazas provenientes de la red IT no afecten los procesos físicos críticos que dependen de los sistemas OT. Como ejemplo está aislar los PLC de accesos externos y segmentar las redes industriales para limitar la propagación de ataques.

2.2. Componentes ICS

Ahora que ya entendemos las diferencias entre IT y OT, es momento de profundizar en los componentes que hacen posible el funcionamiento de los **sistemas ICS**. Estos elementos trabajan en conjunto para controlar procesos industriales y garantizar que las operaciones sean eficientes y seguras.

Los **sistemas ICS** o **sistemas de control industrial** son el corazón de muchas operaciones industriales. Permiten supervisar y controlar procesos clave con garantía de eficiencia y seguridad. Entender sus **principales componentes** no solo es necesario para garantizar un funcionamiento óptimo, sino también para diseñar estrategias de protección frente a posibles amenazas.

En la siguiente sección, conocerás los **componentes** más importantes de un sistema ICS, desde los PLC que ejecutan tareas específicas hasta los sensores que recogen datos del entorno:

- **Controladores lógicos programables (PLC).** Los PLC son pequeños ordenadores que ejecutan tareas específicas, como encender o apagar una máquina en un momento preciso.
  Por ejemplo, configurar un PLC para controlar la temperatura de un horno industrial. Si la temperatura sube demasiado, el PLC apaga automáticamente el sistema de calefacción.
- **Unidades terminales remotas (RTU).** Las RTU recolectan datos de sensores remotos y los transmiten al sistema central.
  Por ejemplo, al implementar una RTU para monitorear los niveles de agua en un tanque remoto, se envían alertas al sistema SCADA si existen riesgos de desbordamiento.
- **Interfaces hombre-máquina (HMI).** Estas interfaces permiten que los operadores visualicen y controlen los procesos industriales.
  Por ejemplo, utilizar una HMI para mostrar gráficos en tiempo real del rendimiento de una línea de ensamblaje facilita la toma de decisiones rápidas y debidamente informadas basadas en datos.
- **Sistemas de supervisión SCADA.** Los sistemas SCADA recopilan y analizan datos en tiempo real, permitiendo monitorear múltiples procesos desde un solo lugar.
  Por ejemplo, usar el sistema SCADA para detectar anomalías en una turbina eólica antes de que se produzca un fallo crítico.
- **Sensores y actuadores:**

  - **Sensores:** recogen datos del entorno, como temperatura, presión o flujo.
    Por ejemplo, instalar sensores para medir la presión en una tubería de gas.

◔ **Actuadores:** ejecutan acciones basadas en las órdenes de los controladores, como abrir o cerrar una válvula.

Por ejemplo, un actuador en una planta cierra automáticamente una válvula cuando un sensor detecta una fuga.

2.3. Normas de seguridad y salud laboral

En los entornos industriales, la seguridad de los trabajadores y la protección de los equipos son prioridades esenciales. Para garantizar operaciones seguras y eficientes, **los sistemas de control industrial han de cumplir con una serie de normativas internacionales.** Estas regulaciones no solo establecen estándares técnicos, sino que también ayudan a prevenir riesgos laborales y a minimizar el impacto de posibles incidentes.

Entre las principales normativas que deben seguirse se encuentran la **ISO 45001,** que aborda la seguridad y la salud laboral; la **IEC 61511,** que regula los sistemas instrumentados de seguridad en procesos industriales, y la **NFPA 70E,** centrada en la seguridad eléctrica en los lugares de trabajo. Cada una de estas normativas juega un papel clave en la creación de un ecosistema industrial seguro y en la mejora de la gestión de los riesgos.

A continuación, conoce y explora las principales normativas que garantizan la seguridad en entornos industriales:

> **ISO 45001**
> - Normativa sobre gestión de seguridad y salud laboral. Esta norma ISO 45001 asegura que las empresas identifiquen riesgos laborales asociados a los sistemas industriales y desarrollen estrategias para mitigarlos.
> - Ejemplo: en una planta industrial, un análisis de riesgos identifica que los operadores están expuestos a posibles accidentes al trabajar cerca de maquinaria en movimiento. Como medida preventiva, la empresa implementa barreras físicas y procedimientos de bloqueo/etiquetado *(lockout/tagout)* para evitar el encendido accidental de las máquinas durante las tareas de mantenimiento. Al mismo tiempo, los operadores reciben formación específica sobre cómo trabajar de manera segura en estas áreas.

Continúa en página siguiente >>

<< Viene de página anterior

IEC 61511
- Normativa sobre seguridad en sistemas instrumentados. Esta normativa IEC 61511, como lo es también la IEC 61508, es clave para los procesos industriales, asegura que los sistemas de seguridad como sensores y actuadores funcionen de manera confiable.
- Ejemplo: en una refinería, un sensor mide la presión que hay dentro de un tanque de almacenamiento de gases inflamables. Si la presión supera un límite predefinido, el sensor activa un sistema de seguridad instrumentado que ordena a un actuador abrir una válvula de alivio. Este mecanismo permite liberar el exceso de presión, lo que evita una explosión. La refinería realiza pruebas periódicas para garantizar que tanto los sensores como los actuadores funcionen correctamente.

NFPA 70E
- Normativa sobre seguridad eléctrica. NFPA 70E establece estándares para prevenir riesgos eléctricos en el lugar de trabajo, como arcos eléctricos o descargas.
- Ejemplo: en una instalación eléctrica industrial, los técnicos realizan trabajos en un panel de control de alto voltaje. Según la NFPA 70E, se requiere que usen equipos de protección personal (EPP), como son los guantes y ropa resistente a arcos eléctricos. Igualmente, la instalación adopta procedimientos de desconexión total de la energía (energización cero) antes de comenzar cualquier trabajo, para evitar el riesgo de descargas accidentales.

Protocolo de instalación segura en sistemas ICS

La instalación de un sistema ICS no solo debe garantizar su operatividad, sino también priorizar la seguridad en cada etapa. Uno de los aspectos fundamentales es la **supervisión de conexiones eléctricas,** ya que una instalación incorrecta o desorganizada podría generar fallos operativos, riesgos eléctricos o incluso accidentes muy graves.

A través de prácticas rigurosas, como la documentación adecuada, el etiquetado de cables y la implementación de barreras físicas, es posible asegurar que el sistema sea accesible, seguro y fácil de mantener. Estamos haciendo referencia a los **protocolos de instalación segura.**

Descubre los pasos fundamentales para garantizar la supervisión adecuada de las conexiones eléctricas, incluyendo el cumplimiento de estándares locales, la implementación de sistemas de protección, el etiquetado claro de cables y la instalación de barreras físicas para que el acceso sea seguro y controlado:

- **Supervisión de conexiones eléctricas.** La correcta supervisión de las conexiones eléctricas es clave para garantizar que todos los dispositivos del sistema ICS, desde los RTU hasta los actuadores, operen dentro de los parámetros establecidos por las normativas eléctricas tanto locales como internacionales. Esto no solo asegura la eficiencia del sistema, sino que protege a los trabajadores y equipos de posibles fallos eléctricos.

  - **Cumplir con los estándares eléctricos a nivel local:**

    - Verificar que los componentes utilizados estén certificados por organismos reguladores reconocidos, como IEC (organización internacional que desarrolla y publica estándares globales para todas las tecnologías eléctricas, electrónicas y relacionadas, incluyendo sistemas de control industrial o ICS) o UL (organización global dedicada a la seguridad de productos y a la certificación cuya misión es evaluar productos para garantizar que cumplen con los requisitos de seguridad eléctrica, fuego y otros riesgos potenciales).
    - Verificar que las conexiones eléctricas sean compatibles con la carga de trabajo de los dispositivos.

  - **Realizar inspecciones visuales y funcionales:**

    - Comprobar la calidad de las conexiones, como evitar el cableado suelto, terminales corroídos o conexiones inestables.
    - Usar herramientas como multímetros para medir voltajes y corrientes.

  - **Implementar sistemas de protección:**

    - Instalar dispositivos de protección contra sobretensiones o DPS.
    - Incorporar fusibles y disyuntores adecuados al sistema.

- **Documentación y etiquetado.** Una buena documentación y etiquetado de cables y conexiones permite identificar rápidamente cualquier componente dentro del sistema. Esto reduce los tiempos de mantenimiento, mejora la trazabilidad y evita errores humanos durante las intervenciones.

◑ **Etiquetado claro y duradero:**

  ⥮ Usar etiquetas resistentes al calor, humedad y otros factores ambientales.
  ⥮ Numerar o codificar cables según un esquema lógico que refleje su función o destino.

◑ **Elaborar diagramas eléctricos detallados:**

  ⥮ Crear un mapa completo de las conexiones y los dispositivos del sistema.
  ⥮ Actualizar los diagramas cada vez que se realicen modificaciones en el sistema.

◑ **Registrar historial de intervenciones:**

  ⥮ Mantener un registro de cada ajuste o reparación realizada.
  ⥮ Incluir detalles como fechas, responsables y componentes reemplazados.

➲ **Barreras físicas y acceso controlado.** La instalación de barreras físicas y el control de acceso son medidas fundamentales para evitar manipulaciones indebidas y proteger tanto los dispositivos como a las personas. Estas barreras restringen el acceso únicamente al personal autorizado, lo cual previene riesgos y mantiene la integridad del sistema.

◑ **Instalar cajas de seguridad:**

  ⥮ Proteger componentes sensibles como los PLC y los RTU dentro de gabinetes cerrados con llave.
  ⥮ Usar materiales resistentes al fuego y al impacto.

◑ **Implementar sensores de proximidad:**

  ⥮ Configurar sensores que detecten la presencia de personas en áreas restringidas.
  ⥮ Conectar estos sensores a sistemas de alarma o notificación en tiempo real.

◑ **Establecer controles de acceso:**

  ⥮ Usar sistemas de autenticación, como tarjetas magnéticas o biometría, para permitir el acceso a zonas críticas.
  ⥮ Registrar quién accede y cuándo mediante sistemas de monitoreo.

SABÍAS QUE...

Un DPS o dispositivo de protección contra sobretensiones, es un componente diseñado para proteger equipos eléctricos y electrónicos contra sobretensiones transitorias causadas por rayos, fallos eléctricos o maniobras en la red eléctrica. Funciona desviando el exceso de energía hacia la tierra, evitando que dañe los dispositivos conectados. Por ejemplo, en una planta industrial, un DPS instalado en el sistema de alimentación protege los PLC y SCADA contra daños provocados por picos de voltaje.

Prevención de riesgos laborales en sistemas ICS

Los **sensores** y **actuadores** en los sistemas ICS desempeñan un papel fundamental no solo en la optimización de los procesos industriales, sino también en la protección de los trabajadores. Al integrarse en entornos industriales, estos dispositivos son capaces de identificar riesgos en tiempo real y tomar medidas automáticas para prevenir accidentes, con lo que garantizan un entorno de trabajo más seguro.

A continuación se muestra cómo los sensores y actuadores trabajan juntos para detectar riesgos, actuar automáticamente y prevenir accidentes:

➲ **Sensores y su papel en la seguridad laboral.** Los sensores recopilan datos clave, temperatura, presión, niveles de gases tóxicos o vibraciones, y envían esta información a los sistemas de control PLC o SCADA. A partir de estos datos, es posible tomar decisiones inmediatas para mitigar riesgos emergentes.

◍ **Detección de condiciones peligrosas:** los sensores de temperatura en un horno industrial detectan sobrecalentamientos. Si la temperatura supera el límite seguro, el sistema detiene automáticamente el equipo para evitar incendios.

◍ **Control de atmósferas peligrosas:** los sensores de gases en una planta química detectan niveles elevados de monóxido de carbono. Una alarma se activa y permite la evacuación inmediata de los trabajadores.

◍ **Monitoreo de vibraciones y fallos estructurales:** los sensores en una turbina detectan vibraciones anómalas que indican un fallo mecánico. El sistema alerta al personal y detiene el equipo antes de sufrir un accidente.

⊃ **Actuadores.** Los actuadores son dispositivos que ejecutan acciones físicas en respuesta a las señales generadas por los sensores. Esto permite mitigar riesgos en tiempo real.

◊ **Activación de válvulas de alivio:** si un sensor detecta alta presión en una tubería de gas, un actuador abre automáticamente una válvula de alivio para prevenir explosiones.
◊ **Accionamiento de sistemas de parada de emergencia:** en una línea de ensamblaje, si un sensor detecta la presencia de un operador en una zona de peligro, un actuador detiene la máquina de inmediato para evitar lesiones.
◊ **Cierre automático de sistemas:** si un sensor detecta una fuga de gas en una planta petroquímica, los actuadores cierran automáticamente las válvulas principales para limitar la propagación del gas.

ACTIVIDAD COMPLEMENTARIA

2. Reflexiona sobre las siguientes preguntas relacionadas con el uso de sensores y actuadores en entornos industriales.

¿Cómo podrían los sensores prevenir un accidente en una instalación industrial? ¿Qué acción podría ejecutar un actuador para mitigar ese riesgo?

----

3. Descripción de redes y protocolos industriales

HILO CONDUCTOR

A medida que Mario profundiza en el entorno de la planta, se da cuenta de que las redes industriales son la columna vertebral de todas las operaciones. Durante una inspección del tráfico de datos, detecta un protocolo desconocido que le llama la atención. Decidido a comprender mejor las arquitecturas de red y los protocolos ICS, investiga cómo estas tecnologías permiten la comunicación entre dispositivos, desde sensores hasta servidores centrales. Al mismo tiempo, Mario empieza a identificar posibles amenazas en las redes industriales, como

Continúa en página siguiente >>

<< Viene de página anterior

ataques de denegación de servicio o intentos de interceptación, reconociendo que la protección de estas conexiones será fundamental para garantizar la estabilidad de las operaciones.

En las fábricas de hoy en día, las redes y los protocolos industriales son instrumentos esenciales para interconectar sistemas y dispositivos que controlan los procesos críticos. Estas **redes** son distintas de las redes informáticas tradicionales que conocemos como IT, ya que están **diseñadas para garantizar la confiabilidad, disponibilidad y seguridad de los sistemas OT o sistemas operativos industriales.**

Las redes de comunicación industrial son sistemas de transmisión de datos diseñados específicamente para ambientes industriales. Su propósito es garantizar la comunicación fluida y confiable entre los distintos dispositivos que controlan y supervisan los procesos de producción.

NOTA

Las redes de comunicación industrial son la estructura física y lógica que conecta dispositivos y sistemas en un entorno industrial. Estas redes se clasifican según su alcance, propósito y tecnología utilizada.

3.1. Características de las redes de comunicación industrial

Las redes de comunicación industrial tienen **características específicas** que las diferencian de las redes utilizadas en otros entornos, como las redes empresariales. Estas características están diseñadas para cumplir con los estrictos requisitos de confiabilidad, sincronización y resistencia necesarios en los procesos industriales críticos.

A continuación, analizaremos las principales características de las redes industriales: **fiabilidad, determinismo y resistencia a condiciones adversas:**

Fiabilidad	Las redes industriales deben garantizar un funcionamiento continuo y estable, ya que cualquier interrupción podría tener como consecuencia pérdidas económicas y mermas en la productividad realmente significativas. Por ejemplo, en una planta de ensamblaje automotriz una interrupción en la red podría detener la sincronización entre robots en la línea de producción, lo que causaría retrasos y afectaría a la entrega de vehículos.
Determinismo	Se llama determinismo a la capacidad de las redes industriales de garantizar que la información llegue al destino correcto en el momento exacto. Esto es clave para procesos sincronizados, en los cuales incluso un pequeño retraso puede provocar errores. Por ejemplo, en una línea de embotellado, las señales para activar y detener las máquinas deben ejecutarse con precisión milimétrica, con idea de evitar que se desperdicie producto o que se produzcan fallos en el empaquetado.
Resistencia a condiciones adversas	Las redes industriales están diseñadas para operar en ambientes desafiantes, como son aquellas fábricas cuyas instalaciones tienen altas temperaturas, vibraciones, polvo, humedad o interferencias electromagnéticas. Esto asegura que los datos se transmitan de forma confiable incluso en estas condiciones más extremas. Por ejemplo, en una planta siderúrgica los sensores instalados en hornos envían datos de temperatura y presión de forma continuada, a pesar del calor extremo y las vibraciones que se producen por la propia actividad productiva.

RECUERDA

Particularidades como la fiabilidad, el determinismo y la resistencia hacen que las redes de comunicación industrial sean esenciales para garantizar procesos productivos eficientes y seguros. Sin ellas, muchas operaciones críticas no serían posibles.

3.2. Tipos de redes de comunicación industrial

Hay que entender que las **redes de comunicación** industrial cumplen una serie de **funciones:**

⮞ Permiten una supervisión y control centralizado, mejorando la eficiencia operativa y reduciendo costes.
⮞ Detectan errores o fallos rápidamente en la transmisión de datos en tiempo real, evitando productos defectuosos.
⮞ Permiten la implementación de sistemas completamente automatizados gracias a la comunicación entre dispositivos.

Existen diferentes **tipos de redes** diseñadas para cubrir necesidades específicas del sector industrial. A continuación, descubrirás algunas de las **redes** más comunes:

⮞ **Redes de área local (LAN) industriales.** Son redes que operan dentro de una planta o fábrica, conectando dispositivos cercanos entre sí. Se caracterizan por:

   ◑ Alta velocidad de transmisión
   ◑ Uso de cables Ethernet o fibra óptica

Por ejemplo, una red LAN conecta PLC, sensores y actuadores dentro de una línea de producción.
⮞ **Redes de área amplia (WAN) industriales.** Son redes que conectan múltiples plantas o instalaciones industriales a largas distancias. Se caracterizan por:

   ◑ Interconexión de diferentes ubicaciones.
   ◑ Uso de tecnologías como **MPLS** *(Multiprotocol Label Switching)* o **VPN** *(Virtual Private Network)*, ambas son esenciales para garantizar

una conectividad confiable y segura en entornos industriales, especialmente en las plantas distribuidas o con necesidad de acceso remoto.

Por ejemplo, una empresa con fábricas en diferentes ciudades usa una WAN para compartir datos en tiempo real entre sus plantas.

- **Redes de campo.** Son redes diseñadas para conectar dispositivos a nivel de campo, como sensores y actuadores, con controladores centrales. Se caracterizan por:

  - Los protocolos habituales son Profibus, Modbus, CAN.
  - La comunicación es determinista para procesos en tiempo real.

  Por ejemplo, los sensores en una planta química transmiten datos de presión y temperatura a través de una red de campo hacia un sistema SCADA.
- **Redes inalámbricas industriales.** Estas redes eliminan la necesidad de cables. Son ideales para áreas donde el cableado es difícil. Se caracterizan por:

  - Flexibilidad y fácil instalación
  - Uso de tecnologías como wifi industrial o ZigBee.

  Por ejemplo, en un almacén automatizado, los robots móviles utilizan redes inalámbricas para comunicarse con el sistema de gestión.

APLICACIÓN PRÁCTICA

Las redes de comunicación industrial se clasifican según su propósito y alcance, cada una diseñada para satisfacer unas necesidades específicas. ¿Cuál es el tipo de red más adecuado para conectar múltiples plantas industriales geográficamente dispersas?

Solución

Las redes de área amplia (WAN) son ideales para conectar múltiples plantas industriales que se encuentran en diferentes ubicaciones. Usan tecnologías como MPLS o VPN para garantizar una comunicación confiable, rápida y segura entre las instalaciones. Por ejemplo, una compañía energética utiliza una red WAN para conectar sus plantas de generación eléctrica distribuidas en diferentes

Continúa en página siguiente >>

<< Viene de página anterior

regiones. A través de esta red, los datos de rendimiento de cada planta se envían en tiempo real a una central de monitoreo, lo cual permite a los operadores supervisar y optimizar la producción energética de forma centralizada y segura.

3.3. Arquitecturas y protocolos ICS

La **organización interna y jerárquica de los dispositivos y sistemas dentro de la red industrial se denomina arquitectura,** o lo que es lo mismo, con la arquitectura ICS se consigue estructurar las conexiones y hacer fluir la información en la red.

IMPORTANTE

Los tipos de redes describen la clasificación general según su alcance o función, mientras que las arquitecturas detallan cómo se estructuran internamente las conexiones y los dispositivos.

Por otro lado, **los protocolos industriales ICS permiten la comunicación entre dispositivos como PLC, RTU, sensores y sistemas SCADA,** asegurando que las operaciones sean coordinadas y eficientes.

Para proteger las redes y protocolos industriales, es vital comprender sus arquitecturas, sus características específicas y los riesgos asociados.

SABÍAS QUE...

Las redes ICS *(Industrial Control Systems)* se diseñan en capas, con una estructura que prioriza la seguridad y la comunicación eficiente entre los dispositivos.

Dependiendo de las necesidades específicas del entorno, las arquitecturas pueden organizarse de diferentes maneras, cada una con ventajas y aplicaciones únicas. Estas configuraciones aseguran que los datos críticos viajen de manera confiable desde sensores y actuadores hasta sistemas de supervisión y gestión.

A continuación, exploraremos diferentes tipos de **arquitecturas de redes industriales: jerárquica, en estrella, en anillo y en bus.** Cada apartado incluirá ejemplos prácticos y explicaciones claras de cómo estas arquitecturas se aplican en el ámbito industrial:

Arquitectura en árbol
- Organiza la red en niveles funcionales para garantizar un flujo de datos estructurado y eficiente.

Arquitectura en estrella
- Conecta todos los dispositivos a un único nodo central que gestiona la comunicación.

Arquitectura en anillo
- Forma un circuito cerrado entre los dispositivos para proporcionar redundancia y continuidad.

Arquitectura doble anillo
- Amplía la redundancia conectando los dispositivos en dos circuitos cerrados independientes para garantizar la continuidad incluso si ambos anillos fallan parcialmente.

Arquitectura en malla
- Crea múltiples rutas de conexión entre dispositivos, asegurando máxima redundancia y flexibilidad en el flujo de datos.

Arquitectura en bus
- Utiliza un canal compartido para conectar múltiples dispositivos de manera sencilla y económica.

Arquitectura mixta
- Combina elementos de diferentes arquitecturas (estrella, anillo, bus, etc.) para adaptarse a necesidades específicas de la red industrial.

Arquitectura de árbol

Es una red con arquitectura de árbol o jerárquica que combina características de las arquitecturas en estrella y en bus. Se organiza como una estructura de árbol, en la que un nodo raíz se conecta a varios nodos secundarios,
y cada uno de ellos puede estar conectado a otros nodos adicionales. Esto
crea una red escalable y modular. Algunas de sus **características** son:

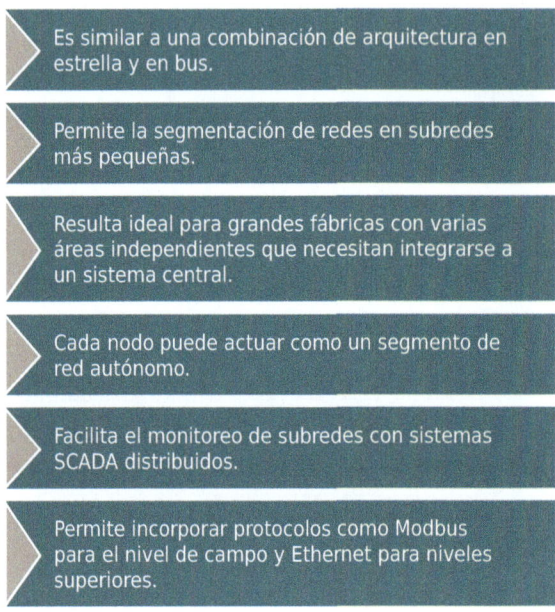

Es similar a una combinación de arquitectura en estrella y en bus.

Permite la segmentación de redes en subredes más pequeñas.

Resulta ideal para grandes fábricas con varias áreas independientes que necesitan integrarse a un sistema central.

Cada nodo puede actuar como un segmento de red autónomo.

Facilita el monitoreo de subredes con sistemas SCADA distribuidos.

Permite incorporar protocolos como Modbus para el nivel de campo y Ethernet para niveles superiores.

👁 EJEMPLO

Una planta de automoción organiza la red en un árbol, donde cada línea de
producción es un nodo secundario que se comunica con el sistema central.

Su ventaja y desventaja principal son:

- **Ventaja:** permite una fácil expansión añadiendo nuevos nodos secundarios.
- **Desventaja:** si el nodo principal falla, las subredes pierden comunicación.

Arquitectura en estrella

En esta arquitectura, todos los dispositivos están conectados a un nodo central, que puede ser un *switch,* un *router* o un sistema SCADA. Es común en redes locales (LAN) debido a su simplicidad y eficiencia en entornos de planta. Algunas de sus **características** son:

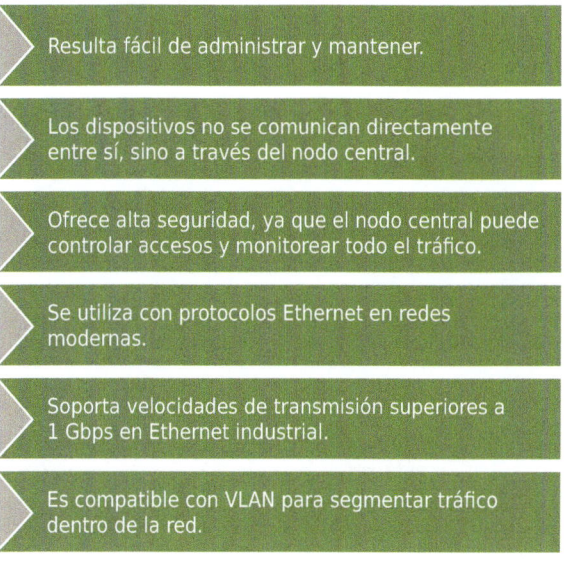

Resulta fácil de administrar y mantener.

Los dispositivos no se comunican directamente entre sí, sino a través del nodo central.

Ofrece alta seguridad, ya que el nodo central puede controlar accesos y monitorear todo el tráfico.

Se utiliza con protocolos Ethernet en redes modernas.

Soporta velocidades de transmisión superiores a 1 Gbps en Ethernet industrial.

Es compatible con VLAN para segmentar tráfico dentro de la red.

 **EJEMPLO**

En una refinería, un SCADA centralizado supervisa sensores de temperatura y flujo conectados en una arquitectura en estrella para que el control sea eficiente.

Su ventaja y desventaja principal son:

- **Ventaja:** localización rápida de fallos, ya que solo afecta al dispositivo conectado directamente.
- **Desventaja:** si el nodo central falla, toda la red queda inutilizable.

Arquitectura en anillo

Los dispositivos están conectados en un circuito cerrado, formando un anillo. Los datos pueden viajar en ambas direcciones, lo que garantiza redundancia y tolerancia a fallos en caso de que una conexión se interrumpa. Algunas de sus **características** son:

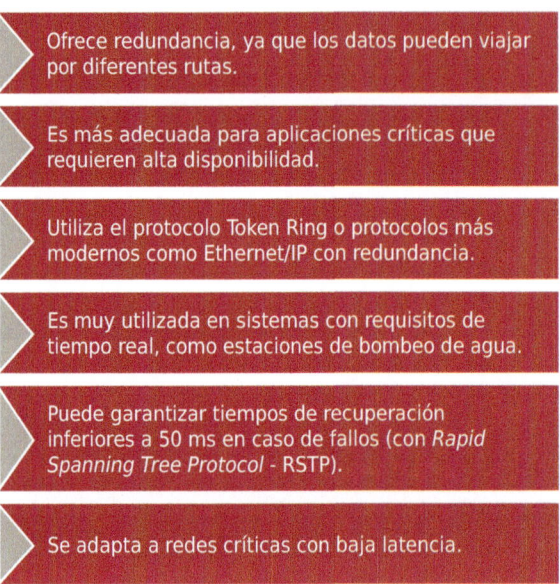

Ofrece redundancia, ya que los datos pueden viajar por diferentes rutas.

Es más adecuada para aplicaciones críticas que requieren alta disponibilidad.

Utiliza el protocolo Token Ring o protocolos más modernos como Ethernet/IP con redundancia.

Es muy utilizada en sistemas con requisitos de tiempo real, como estaciones de bombeo de agua.

Puede garantizar tiempos de recuperación inferiores a 50 ms en caso de fallos (con *Rapid Spanning Tree Protocol* - RSTP).

Se adapta a redes críticas con baja latencia.

 **EJEMPLO**

Una planta de energía eólica usa un anillo para conectar turbinas y garantizar que los datos de rendimiento se transmitan constantemente.

Su ventaja y desventaja principal son:

- ⮕ **Ventaja:** continuidad operativa incluso si una conexión falla.
- ⮕ **Desventaja:** mayor latencia si los datos deben recorrer todo el anillo.

Arquitectura doble anillo

Extiende la arquitectura en anillo añadiendo un segundo circuito, lo que proporciona rutas redundantes adicionales para la transmisión de datos, asegurando mayor confiabilidad en entornos críticos. Algunas de sus **características** son:

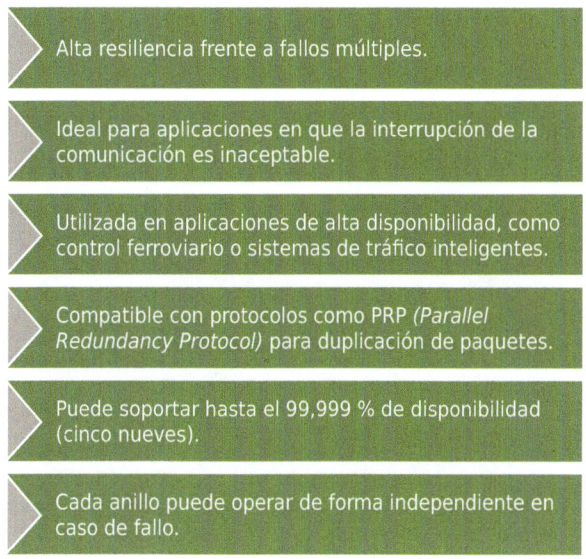

Alta resiliencia frente a fallos múltiples.

Ideal para aplicaciones en que la interrupción de la comunicación es inaceptable.

Utilizada en aplicaciones de alta disponibilidad, como control ferroviario o sistemas de tráfico inteligentes.

Compatible con protocolos como PRP *(Parallel Redundancy Protocol)* para duplicación de paquetes.

Puede soportar hasta el 99,999 % de disponibilidad (cinco nueves).

Cada anillo puede operar de forma independiente en caso de fallo.

 **EJEMPLO**

Un sistema de monitoreo de oleoductos utiliza doble anillo para asegurar la supervisión continua de las estaciones de bombeo.

Su ventaja y desventaja principal son:

- **Ventaja:** máxima redundancia y confiabilidad.
- **Desventaja:** requiere más inversión en infraestructura.

Arquitectura malla

En esta arquitectura, todos los dispositivos están interconectados, creando múltiples rutas para la transmisión de datos. Esto permite que la red siga operativa incluso si varias conexiones fallan. Algunas de sus **características** son:

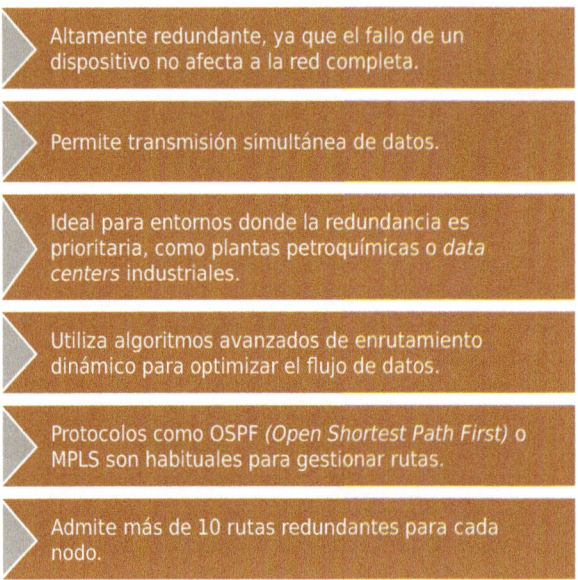

> Altamente redundante, ya que el fallo de un dispositivo no afecta a la red completa.

> Permite transmisión simultánea de datos.

> Ideal para entornos donde la redundancia es prioritaria, como plantas petroquímicas o *data centers* industriales.

> Utiliza algoritmos avanzados de enrutamiento dinámico para optimizar el flujo de datos.

> Protocolos como OSPF *(Open Shortest Path First)* o MPLS son habituales para gestionar rutas.

> Admite más de 10 rutas redundantes para cada nodo.

 **EJEMPLO**

Una red en malla en una mina subterránea conecta sensores de gas y humedad, garantizando comunicación incluso en áreas remotas.

Su ventaja y desventaja principal son:

- **Ventaja:** la fiabilidad extrema frente a fallos de conexión.
- **Desventaja:** que se trata de una arquitectura compleja y costosa de implementar.

Arquitectura en bus

Todos los dispositivos están conectados a un único canal de comunicación compartido (el bus). Los datos viajan a lo largo de este canal y los dispositivos los capturan según corresponda. Algunas de sus **características** son:

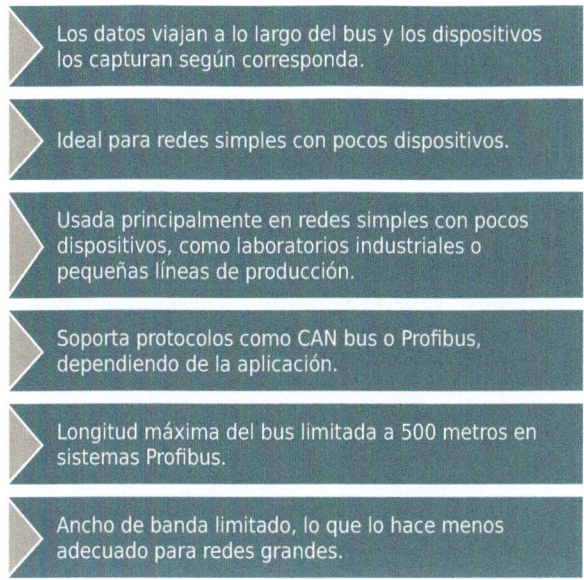

Los datos viajan a lo largo del bus y los dispositivos los capturan según corresponda.

Ideal para redes simples con pocos dispositivos.

Usada principalmente en redes simples con pocos dispositivos, como laboratorios industriales o pequeñas líneas de producción.

Soporta protocolos como CAN bus o Profibus, dependiendo de la aplicación.

Longitud máxima del bus limitada a 500 metros en sistemas Profibus.

Ancho de banda limitado, lo que lo hace menos adecuado para redes grandes.

 **EJEMPLO**

Una línea de ensamblaje en una fábrica textil conecta sensores y actuadores mediante un Profibus en arquitectura de bus.

Su ventaja y desventaja principal son:

- **Ventaja:** bajo coste y simplicidad de instalación.
- **Desventaja:** hay que tener en cuenta que un fallo en el bus afecta a toda la red.

Arquitectura mixta

Combina elementos de varias arquitecturas (estrella, anillo, árbol, etc.) para adaptarse a necesidades específicas y maximizar el rendimiento de la red. Algunas de sus **características** son:

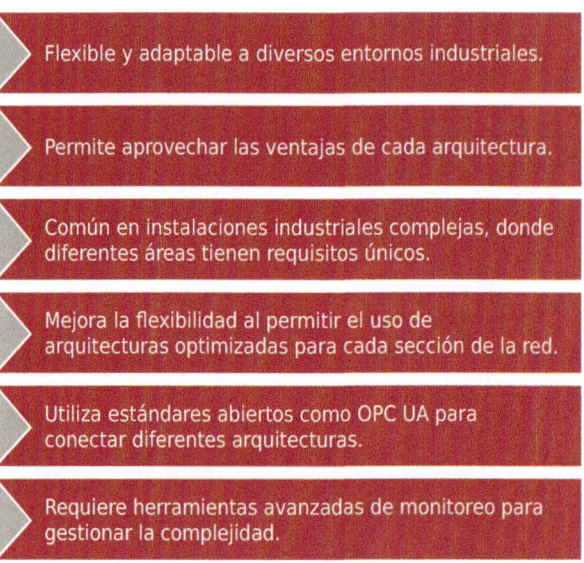

Flexible y adaptable a diversos entornos industriales.

Permite aprovechar las ventajas de cada arquitectura.

Común en instalaciones industriales complejas, donde diferentes áreas tienen requisitos únicos.

Mejora la flexibilidad al permitir el uso de arquitecturas optimizadas para cada sección de la red.

Utiliza estándares abiertos como OPC UA para conectar diferentes arquitecturas.

Requiere herramientas avanzadas de monitoreo para gestionar la complejidad.

 **EJEMPLO**

Una red en una planta de producción automotriz combina una arquitectura en estrella para líneas de producción con un anillo redundante para sistemas SCADA y servidores centrales.

Su ventaja y desventaja principal son:

- **Ventaja:** personalización máxima según las necesidades de la red.
- **Desventaja:** se trata de una arquitectura con mayor complejidad en diseño y mantenimiento.

Tipos de protocolos industriales

Los protocolos industriales son estándares de comunicación diseñados específicamente para entornos OT.

Algunos de los protocolos más utilizados en el amplio sector de la industria son los siguientes:

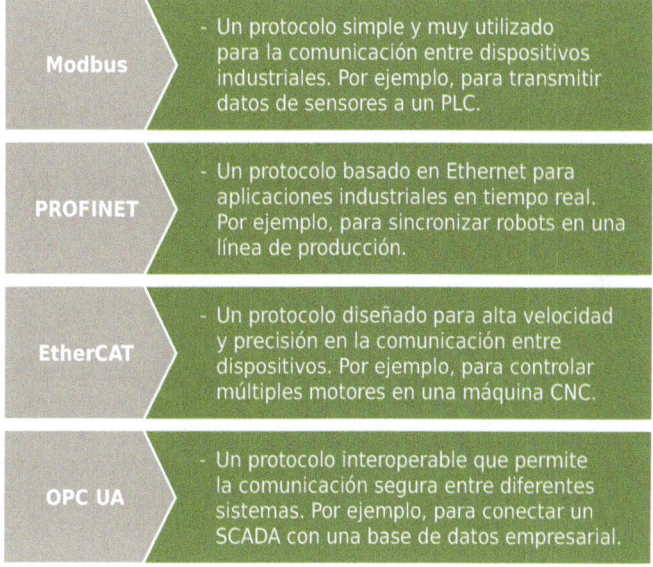

Modbus
- Un protocolo simple y muy utilizado para la comunicación entre dispositivos industriales. Por ejemplo, para transmitir datos de sensores a un PLC.

PROFINET
- Un protocolo basado en Ethernet para aplicaciones industriales en tiempo real. Por ejemplo, para sincronizar robots en una línea de producción.

EtherCAT
- Un protocolo diseñado para alta velocidad y precisión en la comunicación entre dispositivos. Por ejemplo, para controlar múltiples motores en una máquina CNC.

OPC UA
- Un protocolo interoperable que permite la comunicación segura entre diferentes sistemas. Por ejemplo, para conectar un SCADA con una base de datos empresarial.

IMPORTANTE

Estos protocolos varían en su nivel de seguridad, lo que significa que deben implementarse con medidas adicionales, como cifrado y autenticación, para proteger las redes industriales.

A continuación, se presenta un ejemplo bien detallado de cómo podría estructurarse una arquitectura de red en una planta de energía solar. En este ejemplo, se puede observar cada uno de los niveles que conforman la arquitectura, el papel que juegan los protocolos industriales para la comunicación entre dispositivos, y los beneficios que esta configuración aporta al desempeño y gestión de la planta.

Descubre cómo se organizan las redes y cómo cada nivel interactúa para maximizar la eficiencia energética y operativa de una planta solar:

⊃ **Nivel de campo:**

- ∪ Contiene sensores y actuadores que recogen datos y ejecutan acciones. Estos dispositivos están conectados directamente a los controladores.
- ∪ El protocolo común es **HART** (para sensores inteligentes).

⊃ **Nivel de control:**

- ∪ Está compuesto por PLC y RTU que procesan datos y toman decisiones basadas en la programación.
- ∪ El protocolo común es **Modbus RTU** (protocolo serial).

⊃ **Nivel de supervisión:**

- ∪ Contiene sistemas SCADA y HMI que supervisan y controlan los procesos en tiempo real.
- ∪ El protocolo común es **OPC UA** (comunicación entre sistemas).

⊃ **Nivel empresarial:**

- ∪ Conecta los sistemas ICS con redes IT para analizar datos y tomar decisiones administrativas.
- ∪ El protocolo común es **Ethernet/IP**.

3.4. Amenazas a las redes industriales

Las redes industriales están expuestas a una variedad de amenazas que pueden comprometer la seguridad, la integridad de los datos y la disponibilidad de los sistemas. Estas amenazas se clasificarse en internas y externas.

Averigua en qué consiste esta clasificación de amenazas que sirven de herramienta para llevar a cabo ciberataques a los sistemas industriales:

Amenazas internas:

⊃ **Errores humanos.** Configuración incorrecta de dispositivos o protocolos (por ejemplo, un técnico cambia un parámetro en un PLC, lo cual genera un fallo en la línea de producción).

➲ **Accesos no autorizados.** Personal no capacitado que accede a sistemas críticos (a este respecto, y como medida de mitigación, se han de implementar políticas de acceso basadas en roles).

Amenazas externas:

➲ *Malware* **específico para ICS.** Por ejemplo, Stuxnet, un *malware* que atacó sistemas SCADA y PLC. La monitorización de redes con sistemas IDS/IPS adaptados a entornos industriales es una buena medida de mitigación de estos riesgos.
➲ **Ataques de denegación de servicio (DoS).** Inundan la red con tráfico, interrumpiendo la comunicación entre los dispositivos. Es importante en este sentido configurar *firewalls* para bloquear el tráfico no autorizado.
➲ **Intercepción de datos.** Uso de dispositivos no autorizados para capturar datos transmitidos por protocolos no cifrados. Como medida preventiva, se han de implementar protocolos con cifrado, como son: OPC UA o TLS.
➲ **Ataques de** *ransomware.* Bloquean sistemas críticos a fin de obtener un beneficio económico a través de un rescate. Es importante realizar copias de seguridad periódicas y segmentar redes IT y OT.

CONSEJO

De cara de mitigar riesgos en los sistemas industriales, como práctica general de ciberseguridad, se han de segmentar redes, dividiendo las redes en zonas separadas por *firewalls,* para minimizar el impacto de un ataque. También se debe realizar un monitoreo continuo, utilizando herramientas como Security Onion o Nozomi Networks para detectar posibles anomalías. Finalmente, es igualmente importante capacitar al personal operativo y técnico en buenas prácticas de ciberseguridad, ya que el eslabón más débil de la cadena de seguridad es el factor humano, por ello siempre hay que reforzarlo con formación.

TAREA 1

Piensa por un momento que trabajas en una planta industrial donde las redes ICS juegan un papel fundamental para garantizar la comunicación entre sensores,

Continúa en página siguiente >>

<< Viene de página anterior

actuadores, sistemas SCADA y bases de datos empresariales. Durante una auditoría de ciberseguridad, detectas las siguientes vulnerabilidades:

1. Uso de protocolos no cifrados como Modbus para la comunicación entre PLC y sensores.
2. Conexión directa entre las redes IT y OT sin una zona DMZ.
3. Falta de autenticación multifactor (MFA) en el acceso remoto a sistemas SCADA.
4. Actualizaciones de *software* pendientes en dispositivos RTU.

Partiendo de esta situación, responde a las siguientes preguntas:

- ¿Qué medidas específicas implementarías para mitigar los riesgos detectados?
- ¿Por qué la segmentación de redes es esencial para proteger la comunicación entre IT y OT?
- ¿Cómo podrían los protocolos con cifrado como OPC UA mejorar la seguridad de esta planta?
- ¿Qué ventajas ofrece la implementación de MFA en el acceso remoto para reducir los riesgos?

3.5. Impulsar el compromiso con la seguridad de la información y las tecnologías industriales

La seguridad de la información y la tecnología aplicada a los procesos industriales es fundamental en un mundo altamente digitalizado. Sin embargo, para garantizar su correcta implementación es necesario despertar y mantener el interés de todas las partes involucradas, desde el personal técnico y los ingenieros hasta los administradores y el personal directivo. Este interés debe basarse en una comprensión clara de los riesgos, los beneficios y las herramientas disponibles para proteger los datos y los sistemas.

Descubre cómo la importancia de la seguridad de la información y la tecnología está fundamentada en el conocimiento de la **protección de activos críticos**, las **normas y su cumplimiento,** entender la **innovación tecnológica como ventaja competitiva** que lleva asociada riesgos cibernéticos.

Protección de activos críticos
- La información y la tecnología son activos esenciales en cualquier organización. Su compromiso puede llevar a pérdidas económicas, interrupciones operativas y daños reputacionales. Por ejemplo, un ciberataque a un sistema SCADA podría paralizar una planta industrial, ocasionando un trastorno logístico significativo y en consecuencia pérdidas importantes económicas.

Cumplimiento normativo
- Muchas normativas internacionales, como el GDPR (Reglamento General de Protección de Datos) o la ISO 27001, exigen medidas de seguridad robustas. Implementar sistemas de gestión de seguridad de la información garantiza el cumplimiento y reduce el riesgo de sanciones.

Innovación tecnológica como ventaja competitiva
- Integrar la tecnología con enfoque en la seguridad permite a las empresas liderar sus sectores

SABÍAS QUE...

Utilizar la inteligencia artificial para detectar amenazas en tiempo real mejora tanto la seguridad como la eficiencia operativa en los sistemas industriales, también para detectar anomalías del sistema en tiempo real. Igualmente, la tecnología *blockchain* aplicada a la base de datos industrial asegura la integridad de los datos utilizando las cadenas de bloques.

IMPORTANTE

Fomentar el interés por la seguridad de la información y la tecnología es clave para proteger los sistemas críticos y mantener la competitividad en el mercado. A través de la formación, la concienciación sobre riesgos, el uso de herramientas innovadoras y el reconocimiento, las organizaciones pueden lograr que todos sus miembros se conviertan en defensores activos de la seguridad.

4. Resumen

La ciberseguridad en el entorno industrial abarca un conjunto de estrategias, herramientas y estándares diseñados para proteger los sistemas críticos, como **ICS (sistemas de control Industrial)** y los **SCADA (supervisión, control y adquisición de datos)**, de amenazas que puedan comprometer la seguridad de las operaciones. Estos sistemas son fundamentales para monitorear y controlar procesos industriales clave, desde la producción de bienes hasta la distribución de la energía. De ahí la importancia de aplicar normas de seguridad y salud laboral, así como las instrucciones técnicas para prevenir riesgos, comprender y mitigar riesgos mediante el uso de tecnologías y protocolos robustos en las redes industriales, así como despertar el interés en la seguridad de la información aplicada a procesos industriales, promoviendo una cultura de protección proactiva.

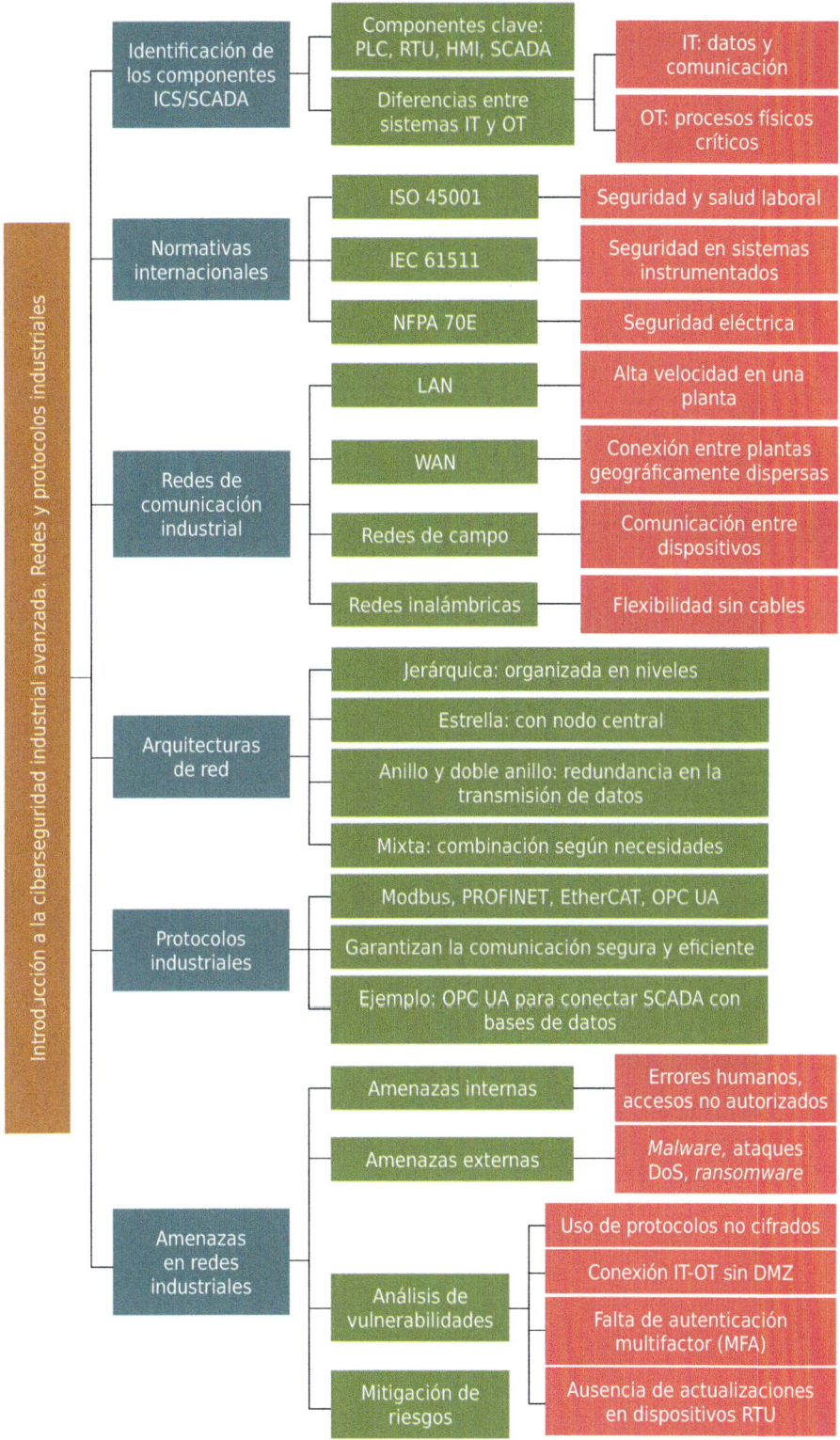

Introducción a la ciberseguridad industrial avanzada. Redes y protocolos industriales

- **Identificación de los componentes ICS/SCADA**
  - Componentes clave: PLC, RTU, HMI, SCADA
  - Diferencias entre sistemas IT y OT
    - IT: datos y comunicación
    - OT: procesos físicos críticos

- **Normativas internacionales**
  - ISO 45001 — Seguridad y salud laboral
  - IEC 61511 — Seguridad en sistemas instrumentados
  - NFPA 70E — Seguridad eléctrica

- **Redes de comunicación industrial**
  - LAN — Alta velocidad en una planta
  - WAN — Conexión entre plantas geográficamente dispersas
  - Redes de campo — Comunicación entre dispositivos
  - Redes inalámbricas — Flexibilidad sin cables

- **Arquitecturas de red**
  - Jerárquica: organizada en niveles
  - Estrella: con nodo central
  - Anillo y doble anillo: redundancia en la transmisión de datos
  - Mixta: combinación según necesidades

- **Protocolos industriales**
  - Modbus, PROFINET, EtherCAT, OPC UA
  - Garantizan la comunicación segura y eficiente
  - Ejemplo: OPC UA para conectar SCADA con bases de datos

- **Amenazas en redes industriales**
  - Amenazas internas — Errores humanos, accesos no autorizados
  - Amenazas externas — *Malware*, ataques DoS, *ransomware*
  - Análisis de vulnerabilidades
    - Uso de protocolos no cifrados
    - Conexión IT-OT sin DMZ
    - Falta de autenticación multifactor (MFA)
    - Ausencia de actualizaciones en dispositivos RTU
  - Mitigación de riesgos

Ejercicios de autoevaluación
Unidad de Aprendizaje 1

1. Indica si las siguientes afirmaciones son verdaderas o falsas.

a. La ciberseguridad industrial se ha convertido en un pilar esencial en las plantas industriales modernas, donde la digitalización y la interconectividad traen consigo tanto oportunidades como importantes riesgos.

- Verdadero
- Falso

b. En un entorno industrial, el cumplimiento de las normas de seguridad y salud laboral, junto con las instrucciones técnicas de instalación, no solo protege a los trabajadores y las operaciones, sino que también garantiza la integridad de los sistemas críticos.

- Verdadero
- Falso

c. Conocer los conceptos de seguridad y los riesgos asociados en las instalaciones industriales permite al personal cualificado identificar y mitigar vulnerabilidades antes de que se traduzcan en fallos catastróficos.

- Verdadero
- Falso

2. ¿Qué significa SCADA en el contexto industrial?

a. Supervisión de sistemas avanzados
b. Supervisión, control y adquisición de datos
c. Sistema de control automatizado
d. Supervisión y control de aparatos

3. ¿Cuál es la función principal de los PLC en un sistema ICS?

a. Supervisar sistemas IT.
b. Ejecutar tareas específicas, como encender o apagar máquinas.

    c. Monitorizar redes de comunicación.
    d. Procesar datos empresariales.

4. En un sistema ICS, las RTU:

    a. Procesan datos financieros.
    b. Ejecutan acciones físicas.
    c. Transmiten datos de sensores al sistema central.
    d. Gestionan redes inalámbricas.

5. La ciberseguridad IT se enfoca principalmente en:

    a. Seguridad y continuidad de procesos físicos
    b. Supervisión de redes industriales
    c. Protocolo de gestión de energía
    d. Confidencialidad, integridad y disponibilidad de datos

6. ¿Qué prioridad tiene la ciberseguridad OT?

    a. Confidencialidad de datos
    b. Optimización de redes
    c. Disponibilidad y seguridad de procesos físicos
    d. Monitoreo en tiempo real

7. ¿Qué diferencia clave hay entre los sistemas IT y OT?

    a. IT gestiona datos, mientras OT controla procesos físicos.
    b. Los sistemas IT operan en tiempo real, mientras que los OT no.
    c. OT utiliza redes inalámbricas, mientras IT usa redes cableadas.
    d. IT se enfoca en sensores, mientras OT usa actuadores.

8. La ISO 45001 está relacionada con:

    a. Salud y seguridad laboral
    b. Seguridad eléctrica
    c. Gestión de datos empresariales
    d. Normas de diseño de redes

9. ¿Qué normativa regula los sistemas instrumentados de seguridad?

    a. NFPA 70E
    b. IEC 61511
    c. ISO 45001
    d. OPC UA

10. ¿Qué característica se destaca en una red LAN industrial?

    a. Comunicación entre plantas
    b. Uso exclusivo de Wi-Fi
    c. Conexión entre servidores empresariales
    d. Alta velocidad de transmisión

Introducción a la ciberseguridad industrial avanzada. Amenazas y vulnerabilidades industriales

Contenido

Objetivos

El objetivo general de esta Unidad de Aprendizaje es:

→ Desarrollar habilidades para mejorar la capacidad de reconocer, prevenir y mitigar las amenazas y vulnerabilidades en entornos industriales, aplicando estándares, adoptando buenas prácticas y utilizando herramientas de ciberseguridad para proteger los sistemas de control y los activos industriales críticos.

Los objetivos específicos de esta Unidad de Aprendizaje son:

→ Implementar la seguridad de redes industriales y sus controles asociados.

→ Utilizar herramientas de evaluación/escaneo de los niveles de seguridad de redes industriales.

→ Aplicar herramientas de simulación de ataques OT/IoT.

1. Introducción

La transformación digital en la industria ha permitido la automatización de procesos y la conexión de sistemas industriales con la tecnología de la información y otras tecnologías emergentes. Esta convergencia trae consigo beneficios de eficiencia, pero también expone a las organizaciones a nuevas amenazas y vulnerabilidades.

En esta unidad nos sumergiremos en el mundo de la ciberseguridad industrial. Conoceremos los fundamentos, las amenazas más relevantes y los estándares internacionales para proteger sus sistemas críticos.

A través del caso de Mario, un ingeniero de sistemas enfrentado a una posible intrusión en la red de su empresa, se explorarán escenarios reales de ciberseguridad industrial, sus riesgos y las medidas preventivas necesarias para garantizar la protección de los activos industriales.

2. Reconocimiento de las amenazas y las vulnerabilidades industriales

 HILO CONDUCTOR

En la empresa TechSystems la tarde se iba desarrollando con tranquilidad. Mario, ingeniero de sistemas, observaba la actividad de la red desde su estación de trabajo. Entonces notó un comportamiento inusual en uno de los servidores. Aunque todo parecía funcionar correctamente, las señales indicaban una posible Intrusión. Mario, quien recientemente había recibido formación en ciberseguridad, comenzó a aplicar los conocimientos adquiridos para identificar la fuente del problema a fin de proteger los activos de su empresa.

En la actualidad, la digitalización de los sistemas industriales ha permitido una mejora significativa en la eficiencia operativa y la automatización de procesos. Sin embargo, esta interconexión ha traído consigo un aumento en la exposición a las amenazas cibernéticas. Los entornos industriales, a diferencia de los sistemas de TI tradicionales, deben garantizar la continuidad operativa y la seguridad de los procesos físicos. Esta doble exigencia convierte a la ciberseguridad industrial en una disciplina fundamental para proteger tanto la tecnología operativa (OT) como los sistemas de control industrial (ICS).

Seguidamente se explorarán las principales amenazas, riesgos y puntos de vulnerabilidad que afectan a los entornos industriales. Desde la clasificación del modelo Purdue, hasta el análisis de los protocolos, la historia de ciberataques y el uso de herramientas de *hacking* ético, toda esta información permitirá identificar, mitigar y prevenir riesgos en sistemas industriales y contar con preparación para cualquier tipo de contingencia.

2.1. ISA 95: modelo Purdue. Clasificación

En la era de la **Industria desarrollada 4.0,** en la que los sistemas industriales están cada vez más interconectados con redes corporativas y entornos en la nube, la necesidad de proteger estos entornos críticos se ha vuelto totalmente indispensable. Para lograr una protección efectiva, se requiere una **segmentación adecuada de la red industrial** que permita controlar, aislar y proteger los diferentes niveles de los sistemas de control. En este contexto, el **modelo Purdue de ISA-95** (Microsoft, 2024) surge como una referencia esencial y proporciona una estructura jerárquica que organiza y segmenta las redes industriales en niveles específicos.

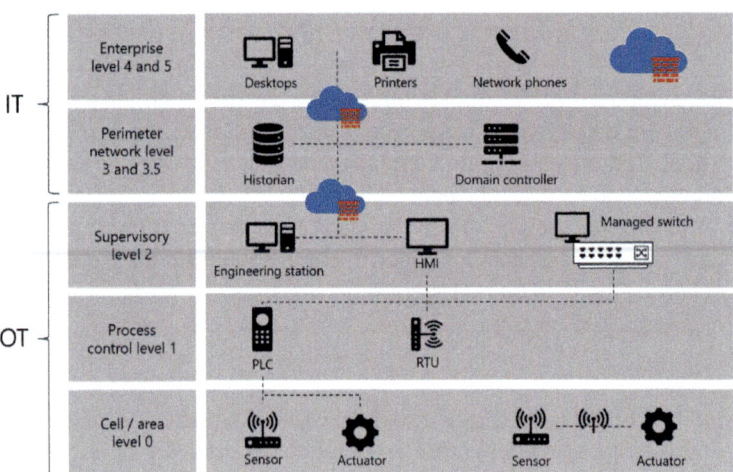

El modelo Purdue esquematizado por Microsoft (2024) se basa en la segmentación de redes. Los dispositivos de cada capa solo se comunican con otros dispositivos dentro de la misma capa o con los de la capa inmediatamente superior. La arquitectura de red IP y OT combina redes TI y OT para garantizar la comunicación segura y eficiente entre sistemas operativos industriales y corporativos. Se basa en segmentación, firewalls y monitoreo continuo para proteger dispositivos críticos y minimizar los riesgos de ciberseguridad.

SABÍAS QUE...

Una segmentación adecuada puede ser la clave para proteger los sistemas industriales y mantener su eficiencia. El **modelo Purdue** no solo organiza las redes industriales, sino que también ofrece un enfoque que fortalece la seguridad y mejora la supervisión de las operaciones.

El enfoque proporcionado por el modelo Purdue ofrece **dos importantes beneficios:**

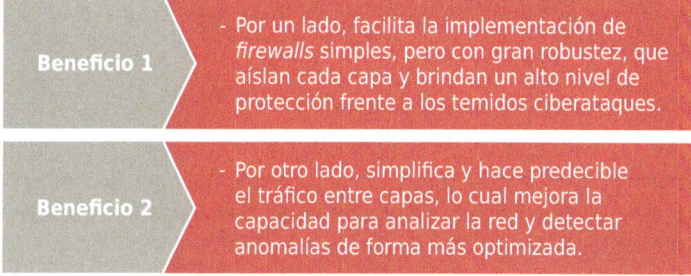

El **modelo Purdue de ISA-95** surge como un estándar totalmente democratizado para la organización de las redes industriales. Este modelo establece una **jerarquía de 6 niveles,** cada uno con funciones y responsabilidades específicas. Desde los dispositivos de campo (sensores y actuadores) hasta la nube y los accesos remotos, cada nivel tiene sus propios **riesgos y superficies de ataque,** que deben ser abordados con medidas de seguridad adecuadas.

A lo largo de esta sección, se explorarán los diferentes niveles de la arquitectura Purdue, sus funciones principales y los puntos de ataque más relevantes en cada uno de ellos:

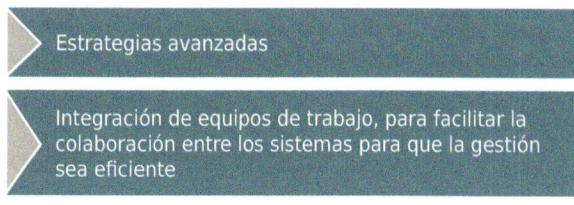

Continúa en página siguiente >>

<< Viene de página anterior

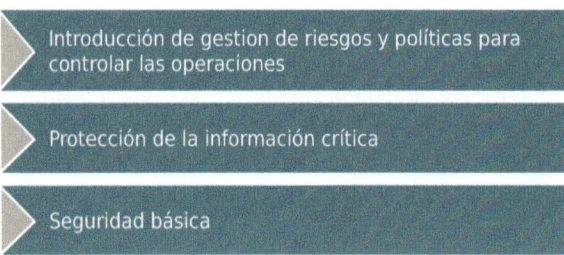

Introducción de gestion de riesgos y políticas para controlar las operaciones

Protección de la información crítica

Seguridad básica

Sabiendo esto, los profesionales de la ciberseguridad podrán implementar una defensa en profundidad y reducir el riesgo de interrupciones o manipulaciones no autorizadas en los sistemas industriales.

NOTA

El modelo Purdue es una referencia fundamental para la segmentación de redes industriales. Se basa en una jerarquía de niveles que permiten controlar y proteger los sistemas de una planta industrial.

Niveles jerárquicos del modelo Purdue

Ya hemos contado que el modelo Purdue es una referencia clave para la segmentación de redes industriales. Este modelo estructura los sistemas en **seis niveles jerárquicos, desde el nivel 0 al 5.** Cada nivel tiene un rol específico, que abarca desde los dispositivos físicos que interactúan con el entorno hasta los accesos remotos y la nube, que conectan los sistemas con el mundo exterior.

A continuación, descubrirás cada nivel jerárquico del modelo Purdue para conocer **qué lo hace único,** y **qué dispositivos y sistemas lo componen,** además de **cómo contribuye a la seguridad y la operatividad de la red industrial:**

➲ **Nivel 0.** Este nivel lo constituyen sensores, actuadores, motores y otros dispositivos físicos que interactúan directamente con el entorno físico (temperatura, presión, movimiento, etc.). Es el punto de contacto entre los procesos físicos y los sistemas de control.

El modelo Purdue a este nivel:

◐ Garantiza la recopilación precisa de datos en tiempo real, esenciales para las operaciones.

Representa la primera línea de defensa. La manipulación física de estos dispositivos podría causar interrupciones significativas, por lo que requiere medidas como acceso físico restringido y comunicación cifrada con los niveles superiores.

⮞ **Nivel 1.** Los PLC y las unidades de control automatizan procesos al interpretar los datos de los sensores (nivel 0) y activar los actuadores según las configuraciones programadas.

El modelo Purdue a este nivel:

◐ Actúa como el cerebro del sistema industrial, asegurando que los procesos se ejecuten de forma eficiente y automática.

Su protección mediante autenticación multifactor y actualizaciones regulares de *firmware* es clave para evitar manipulaciones o errores en las operaciones.

⮞ **Nivel 2.** Este nivel proporciona herramientas visuales e interactivas para supervisar y controlar los procesos industriales. Los sistemas SCADA recopilan y procesan datos, mientras que las interfaces HMI permiten que los operadores interactúen con los procesos.

El modelo Purdue a este nivel:

◐ Mejora la visibilidad y el control de las operaciones en tiempo real.

Este nivel puede ser un objetivo crítico para los ciberatacantes, por lo que requiere contrasenas seguras, segmentación de red, y monitoreo continuo para prevenir accesos no autorizados.

⮞ **Nivel 3.** Este nivel gestiona la producción y la logística. Incluye sistemas MES que optimizan la eficiencia, rastrean el progreso de las operaciones y conectan las necesidades del negocio con las operaciones de la planta.

El modelo Purdue a este nivel:

◐ Facilita la toma de decisiones basadas en información de valor mediante el análisis de datos operativos.

Su integración segura con los niveles inferiores (SCADA y PLC) y superiores (ERP) requiere segmentación de red estricta y control de acceso basado en roles.

⮥ **Nivel 4.** Conecta la planta industrial con los sistemas corporativos, como el ERP *(Enterprise Resource Planning),* que administra aspectos como la logística, los inventarios y las finanzas.
El modelo Purdue a este nivel:

◔ Permite que las decisiones estratégicas de la empresa se basen en datos de producción reales.

Es un punto crítico para los ataques de *ransomware* y fugas de datos, por lo que se requiere cifrado de datos, segmentación y *firewalls* que limiten el acceso entre las redes corporativas y las industriales.

⮥ **Nivel 5.** Este nivel permite el acceso remoto a los sistemas industriales a través de la nube, lo cual facilita la supervisión y el control desde ubicaciones externas.
El modelo Purdue a este nivel:

◔ Habilita la conectividad global y la supervisión remota en tiempo real, lo cual es esencial para la Industria 4.0.

Requiere el uso de VPN seguras, autenticación multifactor y monitorización activa para prevenir accesos no autorizados y proteger la red industrial de posibles ataques externos.

NOTA

Cada nivel jerárquico del modelo Purdue es único por su propósito y los sistemas que engloba, pero trabajan en conjunto para garantizar una operatividad fluida y segura de la planta industrial. La segmentación jerárquica ayuda a contener amenazas, implementar controles específicos y proteger cada capa de la red, minimizando el impacto de posibles fallos o ataques. Este modelo no solo organiza los sistemas industriales, sino que también actúa como una estrategia defensiva donde cada nivel contribuye a proteger y optimizar los procesos industriales de forma integral.

 **APLICACIÓN PRÁCTICA**

Cada nivel jerárquico del modelo Purdue tiene un rol único dentro de la arquitectura industrial y requiere estrategias de ciberseguridad específicas para garantizar que funciona correctamente. ¿Cuál de las siguientes opciones representa una medida adecuada para proteger el nivel 1 (PLC y unidades de control) del modelo Purdue?

* **Uso de VPN seguras para acceso remoto.**
* **Cifrado de datos en reposo con AES-256.**
* **Autenticación multifactor y actualizaciones regulares de *firmware*.**
* **Implementación de *firewalls* para separar redes IT y OT.**

Solución

El nivel 1 del modelo Purdue incluye los controladores lógicos programables (PLC) y las unidades de control, que son esenciales para automatizar los procesos industriales al interpretar datos y activar los actuadores.

* La autenticación multifactor (MFA) garantiza que solo usuarios autorizados puedan acceder a estos dispositivos, protegiéndolos contra accesos no autorizados.
* Las actualizaciones regulares de *firmware* son esenciales para corregir vulnerabilidades y evitar manipulaciones o errores operativos.

Medidas como el uso de VPN seguras o *firewalls* son importantes en otros niveles del modelo Purdue, pero no abordan directamente los riesgos específicos del nivel 1.

Niveles de la arquitectura y sus funciones

El modelo Purdue no solo segmenta los sistemas industriales en una jerarquía clara, sino que también **define las funciones específicas de cada nivel dentro de la arquitectura.** Estas funciones garantizan la comunicación fluida, el control eficiente y la gestión operativa y administrativa de los sistemas industriales, que van desde la operación en tiempo real de los dispositivos físicos hasta la gestión remota y corporativa. En este sentido, no hay que olvidar que cada nivel cumple con un propósito esencial en el ecosistema industrial.

A diferencia de otros enfoques, esta perspectiva se centra en las funciones operativas de los distintos niveles, proporcionando una visión específica de cómo trabajan en conjunto para mantener la eficiencia, la seguridad y la continuidad de los procesos.

A continuación, conocerás cómo funcionan estos niveles del modelo Purdue y qué papel juegan en la arquitectura industrial. Con ello podrás descubrir cómo operan los sensores y actuadores en tiempo real, cómo aprender sobre los sistemas SCADA y HMI que supervisan la planta, y entender cómo los sistemas corporativos y la nube se integran con la planta industrial. Los diferentes **niveles** son:

🔁 **Nivel de operación en tiempo real:**

🔸 **Nivel 0:** los sensores recopilan datos físicos (como la temperatura, la presión, el flujo, etc.), mientras los actuadores ejecutan acciones físicas (abrir válvulas, mover motores).

🔸 **Nivel 1:** los controladores lógicos programables (PLC) interpretan los datos enviados por los sensores y envían comandos a los actuadores para realizar las acciones necesarias.
El rol del nivel 1 dentro de la arquitectura industrial asegura que los procesos físicos de la planta se ejecuten de forma eficiente y oportuna. Actúan como el corazón de la operación industrial.

 **EJEMPLO**

En una línea de producción de bebidas, un sensor detecta que una botella está en posición y el PLC activa un actuador para llenar la botella con el líquido.

🔁 **Nivel de supervisión y control de operaciones:**

🔸 **Nivel 2:** los sistemas SCADA recopilan datos de los sensores y PLC, proporcionando una visión general del estado de la planta. Las interfaces HMI (*Human Machine Interface*) permiten a los operadores interactuar con los sistemas, monitorear procesos en tiempo real y tomar decisiones rápidas si algo sale mal.
El rol del nivel 2, en cuanto a la arquitectura industrial, es conectar a los operadores humanos con los procesos industriales, permitiendo un control eficiente y supervisión constante.

 **EJEMPLO**

En una planta de energía, el sistema SCADA muestra que la temperatura de una turbina está aumentando. El operador usa la HMI para ajustar los parámetros del sistema y evitar un sobrecalentamiento.

⊃ **Nivel de gestión de la producción y logística:**

◑ **Nivel 3:** este nivel administra los procesos de producción, asegurando que las operaciones sean eficientes y cumplan con las demandas. Los sistemas MES *(Manufacturing Execution Systems)* rastrean el progreso de la producción, optimizan los horarios y gestionan los inventarios.
El rol del nivel 3 en la arquitectura industrial actúa como el puente entre los niveles operativos (0-2) y los niveles corporativos (4-5), asegurando que la producción esté alineada con los objetivos del negocio.

 **EJEMPLO**

Un sistema MES identifica un retraso en la producción de un producto y ajusta automáticamente los horarios de las máquinas para evitar interrupciones.

⊃ **Nivel de conexión con sistemas corporativos:**

◑ **Nivel 4:** los sistemas ERP *(Enterprise Resource Planning)* y las bases de datos corporativas procesan información relacionada con la gestión empresarial, como inventarios, finanzas y recursos humanos.
Desde la perspectiva de la arquitectura industrial, este cuarto nivel conecta las operaciones de la planta con el mundo corporativo, permitiendo que las decisiones empresariales se basen en datos de producción en tiempo real.

 **EJEMPLO**

El ERP muestra que la demanda de un producto ha aumentado. Con esta información, el nivel 3 ajusta la programación de las máquinas para aumentar la producción.

➲ Nivel de acceso remoto y conectividad en la nube:

    ◑ Nivel 5: proporciona acceso remoto a los sistemas industriales y facilita el almacenamiento y análisis de datos en la nube. Este nivel permite que operadores y gerentes supervisen las operaciones desde ubicaciones remotas.
    En cuanto a arquitectura industrial, el rol desempeñado por este nivel 5 permite habilitar la conectividad global y el control remoto, un componente clave de la Industria 4.0. Permite un análisis avanzado de los datos recopilados en la planta, ayudando a identificar patrones y optimizar procesos.

 **EJEMPLO**

La gerencia revisa desde su dispositivo móvil el rendimiento de una planta ubicada en otro país, detecta una caída en la eficiencia y contacta con el operador para tomar medidas correctivas.

 **IMPORTANTE**

Al comprender el propósito y funcionamiento de cada nivel, es más fácil vislumbrar cómo colaboran para crear un sistema industrial seguro, eficiente y escalable, de ahí la importancia de percibir la relación entre los niveles y su integración:

- Operación en tiempo real (niveles 0-1): proporciona datos y ejecuta acciones físicas en la planta.

Continúa en página siguiente >>

<< Viene de página anterior

- Supervisión y control (nivel 2): ofrece visibilidad y control de los procesos.
- Gestión de producción (nivel 3): optimiza y organiza las operaciones industriales.
- Conexión corporativa (nivel 4): alinea las operaciones con los objetivos empresariales.
- Acceso remoto y análisis (nivel 5): permite la conectividad global y el análisis avanzado de datos.

Puntos de control y superficies de ataque en cada nivel

En un ecosistema industrial, cada nivel no solo cumple un propósito funcional, sino que también presenta vulnerabilidades específicas que los ciberatacantes pueden explotar. Por ejemplo, desde la manipulación física de sensores en los niveles más operativos hasta el acceso remoto no autorizado en los niveles superiores. **Identificar y proteger estas superficies de ataque** es prioritario para garantizar la continuidad y seguridad de los procesos.

Tras explorar los niveles jerárquicos del modelo Purdue y comprender su papel clave en la arquitectura industrial, el siguiente paso es profundizar en los **puntos de control y las superficies de ataque** que podrían comprometer la seguridad de cada nivel.

En esta sección comprenderás cómo cada nivel está expuesto a diferentes tipos de riesgo y cuáles son las medidas de seguridad más efectivas para mitigarlos. Este conocimiento es fundamental para desarrollar un enfoque de **ciberseguridad industrial integral,** basado en controles específicos, segmentación de redes y autenticación segura.

- **Nivel 0 - 1.** Exposición a ataques de denegación de servicio (DoS) o manipulación física:
  - **Amenazas:**
    - Exposición a DoS que podría interrumpir los procesos en tiempo real.
    - Manipulación física de sensores, actuadores o PLC.
  - **Medidas de protección:**
    - Seguridad física:

- Control de acceso a áreas críticas mediante tarjetas, biometría o cerraduras electrónicas.
- Supervisión mediante cámaras de seguridad.

⇳ Segmentación de red:

- Aislar los dispositivos en redes separadas de los sistemas externos.

⇳ *Hardening* de dispositivos:

- Deshabilitar puertos no utilizados en los PLC y sensores.
- Configurar listas blancas de comunicaciones permitidas.

⇳ Monitorización en tiempo real:

- Implementar sistemas de detección de anomalías para identificar intentos de DoS.

⇳ Autenticación robusta:

- Usar autenticación multifactor (MFA) para acceder a los PLC y los sensores.

➲ **Nivel 2.** La HMI puede ser vulnerada mediante acceso remoto o contraseñas débiles:

☉ **Amenazas:**

⇳ Accesos no autorizados a sistemas SCADA o HMI mediante contraseñas vulnerables.
⇳ Ataques remotos que aprovechan configuraciones débiles.

☉ **Medidas de protección:**

⇳ Contraseñas seguras:

- Implementar políticas de contraseñas robustas con caducidad periódica.
- Usar la autenticación multifactor (MFA) para el acceso a HMI y SCADA.

⇳ Segmentación de red:

- Configurar zonas DMZ entre redes operativas y externas.

⇕ Cifrado de comunicaciones:

○ Usar protocolos seguros (como TLS o VPN) para las conexiones remotas.

⇕ Actualización de *software:*

○ Mantener SCADA y HMI actualizados con parches de seguridad.

⇕ Monitoreo continuo:

○ Usar herramientas de detección de intrusiones (IDS) para identificar intentos de acceso no autorizado.

➲ **Nivel 3**. La manipulación de los registros de producción puede causar interrupciones significativas:

↻ **Amenazas:**

⇕ Alteración o eliminación de registros que afectan a la producción y la logística.
⇕ Accesos no autorizados a sistemas MES.

↻ **Medidas de protección:**

⇕ Control de acceso basado en roles (RBAC):

○ Asignar permisos específicos a usuarios según sus responsabilidades.

⇕ Segmentación estricta:

○ Aislar los sistemas MES en subredes protegidas y sin acceso directo a internet.

⇕ Respaldo de datos:

○ Realizar copias de seguridad periódicas de los registros de producción.

⇕ Auditoría y registro de actividades:

○ Implementar sistemas de auditoría para rastrear cambios en los datos.

◊ Cifrado de datos:

  ○ Proteger los registros mediante cifrado en reposo y en tránsito.

➲ **Nivel 4.** Acceso a las bases de datos corporativas puede permitir ataques de *ransomware:*

◑ **Amenazas:**

  ◊ Acceso no autorizado a sistemas ERP y bases de datos corporativas.
  ◊ Cifrado malicioso de datos mediante *ransomware.*

◑ **Medidas de protección:**

  ◊ Cifrado de datos sensibles:

    ○ Usar estándares como AES-256 para proteger información crítica.

  ◊ *Firewalls* y segmentación:

    ○ Limitar la conectividad entre redes corporativas y operativas.

  ◊ Copias de seguridad inmutables:

    ○ Realizar respaldos periódicos almacenados en ubicaciones *offline* o inmutables.

  ◊ Control de acceso:

    ○ Uso de soluciones IAM *(Identity and Access Management)* para gestionar permisos.

  ◊ Protección contra *malware:*

    ○ Implementar soluciones de antivirus y *antimalware* actualizadas.

➲ **Nivel 5.** Accesos remotos no controlados pueden introducir *malware* o permitir accesos no autorizados:

◑ **Amenazas:**

  ◊ Introducción de *malware* mediante accesos no autorizados.
  ◊ Explotación de conexiones remotas inseguras.

⟳ Medidas de protección:

⇕ Uso de VPN seguras:

○ Configurar redes privadas virtuales (VPN) para todas las conexiones remotas.

⇕ Autenticación multifactor (MFA):

○ Exigir MFA para todos los accesos remotos a la planta industrial.

⇕ Monitoreo y alertas:

○ Implementar sistemas SIEM *(Security Information and Event Management)* para detectar anomalías.

⇕ Control de dispositivos:

○ Permitir acceso remoto solo desde dispositivos aprobados y protegidos.

⇕ Actualización y parches:

○ Asegurar que los sistemas remotos estén siempre actualizados con parches de seguridad.

IMPORTANTE

Comprender la estructura que proporciona el modelo Purdue es fundamental para aplicar medidas de ciberseguridad efectivas en entornos industriales. La correcta identificación de los puntos de control y la aplicación de controles de acceso, segmentación de la red y autenticación segura son esenciales para proteger los sistemas de control industrial (ICS) y la tecnología operativa (OT) contra amenazas externas e internas.

PARA SABER MÁS

Si quieres profundizar en el modelo Purdue y su aplicación en ciberseguridad industrial, explora el artículo siguiente del INCIBE-CERT (2020): "Ciberseguridad en el modelo Purdue: dispositivos de nivel 1".

Accede al artículo desde aquí:

https://redirectoronline.com/ifct00500304

 ACTIVIDAD COMPLEMENTARIA

3. El modelo Purdue segmenta los sistemas industriales en seis niveles jerárquicos, cada uno con funciones específicas y riesgos asociados. Observa a tu alrededor o piensa en entornos que conozcas, como plantas industriales, fábricas o incluso sistemas corporativos conectados. ¿Puedes identificar ejemplos prácticos que correspondan a cada nivel del modelo Purdue?

2.2. Escenario de riesgos industriales

El análisis de riesgos en ciberseguridad industrial implica la **identificación de amenazas** y la **evaluación de su impacto y probabilidad**:

Probabilidad	- La probabilidad es la posibilidad de que una amenaza específica se materialice y cause un incidente en un entorno industrial. Evalúa lo probable que es que un ataque, una vulnerabilidad o un error ocurran dentro de un período determinado.
Impacto	- Se denomina impacto a las consecuencias o daños potenciales que un incidente de ciberseguridad podría causar a los sistemas industriales. Esto podría implicar interrupciones en la producción, daños económicos, riesgos para la seguridad humana o el medioambiente, y pérdida de datos críticos.

Para gestionar eficazmente los riesgos en las organizaciones, es fundamental apoyarse en metodologías estructuradas que permitan identificar, evaluar y priorizar amenazas potenciales. Algunas herramientas, como el **análisis de impacto de negocio (BIA)** y la **matriz de riesgos de probabilidad e impacto,** son esenciales para comprender las vulnerabilidades y tomar decisiones informadas para mitigar los riesgos.

DEFINICIÓN

Riesgos

Posibilidad de que una amenaza comprometa la seguridad de los sistemas de información, redes o dispositivos digitales y afecte a la confidencialidad, integridad o disponibilidad de los datos. Estos riesgos se traducen en ataques externos empleando algún tipo de código malicioso o técnicas de *hacking*, aprovechando descuidos o fallos de *hardware* o vulnerabilidades no corregidas en el *software*.

A continuación, vamos a explorar la herramienta BIA y la matriz de riesgos de probabilidad e impacto:

⊃ **Análisis de impacto de negocio (BIA).** El BIA permite identificar los procesos críticos de una empresa y evaluar el impacto de su interrupción en **operaciones, finanzas, reputación y seguridad.** En una fábrica, se identifican sistemas esenciales, como **ICS o servidores de logística,** y se determinan medidas de mitigación, como la **segmentación de red o las copias de seguridad en tiempo real.**

El proceso BIA es el siguiente:

1. Identificación de procesos críticos, determinando las funciones esenciales para la continuidad operativa.
2. Evaluación de impacto (se analiza el impacto económico, operativo, reputacional y de seguridad de su interrupción).
3. Priorización, clasificando los procesos según su nivel crítico.
4. Definición de RTO, estableciendo el tiempo objetivo de recuperación.
5. Definición de estrategias de mitigación, desarrollando planes de acción, como *firewalls,* segmentación de red y capacitación en ciberseguridad.

BIA prioriza la protección de los sistemas clave, minimiza los daños mediante medidas preventivas, asigna recursos de forma eficiente, facilita la creación de un plan de recuperación ante desastres y un plan de continuidad del negocio, y proporciona información de valor para decisiones estratégicas.

‣ **Matriz de riesgos de probabilidad e impacto.** La **matriz de riesgos** clasifica las amenazas en función de su probabilidad (evalúan cuánto de probable) e impacto (determina magnitud de consecuencias), ayudando a priorizar los riesgos más críticos. Se construye una cuadrícula donde cada riesgo se clasifica como bajo, moderado o alto, para facilitar la toma de decisiones.
El proceso de la matriz es el siguiente:

1. Identificación de riesgos listando amenazas potenciales (ciberataques, fallos de *hardware,* errores humanos).
2. Evaluación de probabilidad, asignando una puntuación de 1 a 5 según la probabilidad de ocurrencia.
3. Construcción de la matriz, cruzando probabilidad e impacto, clasificando los riesgos en baja, moderada o alta prioridad.
4. Definición de acciones, priorizando los riesgos más graves y definiendo las medidas de mitigación.

MATRIZ DE GESTIÓN DE RIESGOS, PROBABILIDAD E IMPACTO

Probabilidad

	IMPACTO	CASI CIERTO	PROBABLE	POSIBLE	IMPROBABLE	RARO
1	Insignificante	Riesgo bajo	Riesgo mínimo	Riesgo mínimo	Riesgo mínimo	Riesgo mínimo
2	Marginal	Riesgo moderado	Riesgo bajo	Riesgo bajo	Riesgo bajo	Riesgo mínimo
3	Moderado	Riesgo alto	Riesgo moderado	Riesgo moderado	Riesgo bajo	Riesgo bajo
4	Crítico	Riesgo extremo	Riesgo alto	Riesgo alto	Riesgo moderado	Riesgo moderado
5	Catastrófico	Riesgo extremo	Riesgo extremo	Riesgo alto	Riesgo alto	Riesgo alto

Impacto (eje vertical)

Tanto la probabilidad como el impacto quedan representados en una matriz de doble entrada. Se crea una cuadrícula que clasifica los riesgos en baja, moderada o alta prioridad.

La matriz enfoca los recursos en las amenazas más críticas, facilita decisiones rápidas con una representación gráfica clara y permite tomar medidas preventivas antes de que ocurran los riesgos. Estos riesgos se actualizan para adaptarse a los nuevos escenarios y, finalmente, la matriz prioriza la protección de las áreas más vulnerables.

2.3. Introducción a *Shodan*

Tras conocer las herramientas clave para la gestión de riesgos, como son el análisis de impacto de negocio y la matriz de riesgos de probabilidad e impacto, es momento de profundizar en tecnologías que ayudan a identificar vulnerabilidades específicas en los sistemas industriales. En este sentido **Shodan** es una herramienta clave en el ámbito de la ciberseguridad industrial. Este motor de búsqueda especializado en dispositivos IoT y sistemas industriales permite identificar equipos conectados y evaluar sus niveles de exposición en internet.

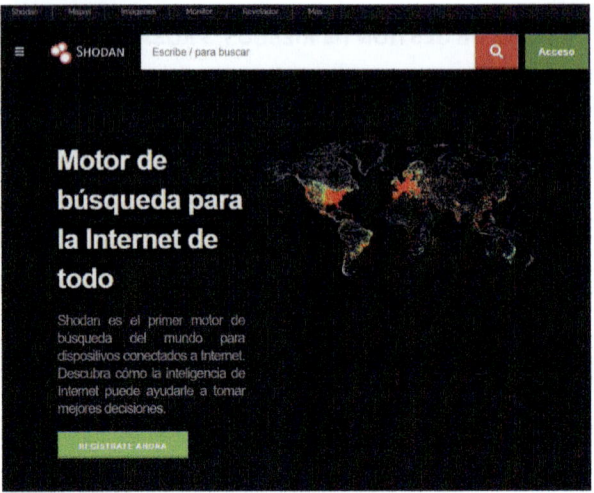

Shodan permite identificar dispositivos accesibles de forma remota, como cámaras de seguridad, PLC y sistemas SCADA.

 IMPORTANTE

Shodan es más que un buscador: no solo se limita a sitios web, permite explorar una amplia gama de dispositivos conectados a internet, como plantas de energía, teléfonos móviles, refrigeradores e incluso servidores de videojuegos. También ofrece herramientas para monitorizar la exposición de su red, al proporcionar una visión completa de los servicios accesibles desde internet y ayudar a mantener la seguridad de los dispositivos. Del mismo modo, proporciona inteligencia sobre internet, ofreciendo datos sobre el uso de diferentes tecnologías y cómo evolucionan con el tiempo, lo que permite comprender mejor el ecosistema conectado.

VÍDEO

El video titulado: "Qué es y cómo usar Shodan [tutorial Español Kali Linux, 2024]", de Contando Bits (2024), ofrece una interesante guía sobre el uso de *Shodan*, el motor de búsqueda especializado en dispositivos conectados a internet. A través de este tutorial, podrás explorar las funcionalidades de *Shodan* y seguir

Continúa en página siguiente >>

<< Viene de página anterior

instrucciones para poner en práctica los conocimientos adquiridos dentro del entorno de *Kali Linux.*

Accede al vídeo desde aquí:

https://redirectoronline.com/ifct00500305

2.4. Protocolos y superficie de ataque

Después de aprender a identificar dispositivos conectados y vulnerabilidades a través de herramientas como *Shodan,* es fundamental comprender los riesgos asociados a los **protocolos industriales** que operan en estos dispositivos y su **superficie de ataque.**

En este apartado, aprenderás sobre los principales protocolos utilizados en sistemas industriales, como **Modbus**, **DNP3** y **OPC-UA,** junto con las vulnerabilidades específicas que presentan. También se mostrarán estrategias para proteger la superficie de ataque, como la segmentación de redes, la autenticación segura y el monitoreo constante con *firewalls* e IDS/IPS.

Descubre cómo estos protocolos pueden ser el eslabón más fuerte o más débil en la seguridad industrial:

⮒ **Principales protocolos industriales:**

 ⟲ **Modbus.** Protocolo de comunicación industrial de tipo maestro-esclavo. Esto significa que el dispositivo maestro controla y se comunica con múltiples dispositivos esclavos. Se utiliza en sistemas SCADA, controladores lógicos programables PLC y dispositivos de automatización. Son puntos de atención:

⇕ La falta de seguridad nativa, puesto que no tiene cifrado ni autenticación, lo cual lo hace vulnerable a interceptaciones y manipulaciones de datos.

⇕ El riesgo de manipulación, ya que un atacante podría enviar comandos no autorizados, interrumpir el proceso o modificar configuraciones críticas.

◡ **DNP3.** Protocolo utilizado en la distribución de energía eléctrica. Se emplea para la comunicación entre sistemas de control maestro y dispositivos remotos (RTU y IED). Sus puntos débiles son:

⇕ La intercepción de comandos, pues los atacantes pueden interceptar comandos o manipular la comunicación, lo que afecta el flujo de energía.

⇕ El acceso no autorizado, ya que sin medidas de autenticación adecuadas los atacantes podrían alterar la lógica de los sistemas de control remoto.

◡ **OPC-UA.** Es una versión mejorada de OPC que permite la comunicación segura y estandarizada entre sistemas de control industrial y aplicaciones de TI. A diferencia de Modbus y DNP3, OPC-UA incorpora cifrado, autenticación y control de acceso. Se utiliza para conectar sistemas de control industriales con plataformas de *software* de TI, como bases de datos y sistemas ERP. Cuenta con algunas debilidades como:

⇕ Errores de configuración (aunque tiene medidas de seguridad avanzadas, estos errores pueden exponer la red a ataques).

⇕ Acceso remoto no controlado, que, al estar mal gestionados, pueden comprometer la seguridad.

⊃ **Análisis de la superficie de ataque:**

◡ **Modbus.** Sin autenticación ni cifrado, fácil de interceptar o manipular:

⇕ **Superficie de ataque.** Modbus no tiene autenticación ni cifrado, lo que permite a los atacantes interceptar y modificar la comunicación entre el maestro y los esclavos. Un atacante podría enviar comandos maliciosos para controlar dispositivos o alterar los datos operativos.

⇕ **Impacto:**

○ Manipulación de procesos operativos.
○ Interrupciones en la producción industrial.

◑ **DNP3.** Expuesto a ataques de interceptación y manipulación de comandos.

⇕ **Superficie de ataque.** Los comandos que viajan entre el sistema maestro y los dispositivos remotos pueden ser interceptados y modificados si no se utiliza cifrado.

⇕ **Impacto:**

○ Desconexión de subestaciones eléctricas.
○ Manipulación del flujo de energía, con riesgo de apagones generalizados.

◑ **OPC-UA.** Mejor seguridad, pero sigue siendo vulnerable a errores de configuración:

⇕ **Superficie de ataque.** Aunque OPC-UA cuenta con medidas de seguridad avanzadas, como el cifrado y la autenticación, los errores de configuración o la falta de actualización de las bibliotecas pueden abrir puertas a ataques.

⇕ **Impacto:**

○ Acceso no autorizado a sistemas críticos.
○ Fugas de información confidencial a través de la red.

➲ **Estrategias para la protección de la superficie de ataque:**

◑ **Segmentación de la red.** La segmentación de la red separa las diferentes partes del sistema industrial en zonas aisladas. Esto evita que un atacante que logre entrar en una parte de la red pueda moverse lateralmente hacia otras zonas. Se aplica de la siguiente manera:

⇕ Creando zonas de seguridad (zonas industriales, zonas de TI, zonas DMZ).
⇕ Usando *firewalls* para controlar y filtrar el tráfico entre las zonas.
⇕ Implementando un modelo de acceso mínimo *(Zero Trust)* para que cada dispositivo solo pueda comunicarse con aquellos con los que esté estrictamente autorizado.

Como principales beneficios, el aislamiento de sistemas críticos y la reducción de la superficie de ataque y la propagación de *malware*.

◑ **Autenticación y cifrado de las comunicaciones.** Se trata de garantizar que solo los usuarios o sistemas autorizados puedan acceder a la red y que las comunicaciones estén protegidas frente a la interceptación de terceros. Se aplica de esta forma:

⇕ Implementando una autenticación multifactor (MFA) para el acceso de usuarios.

⇕ Utilizando certificados digitales para autenticar dispositivos y sistemas.

⇕ Imponiendo el cifrado de extremo a extremo en los protocolos de comunicación (TLS/SSL).

Como principales beneficios están la protección de la confidencialidad e integridad de la información y la mitigación de ataques de interceptación de comunicaciones *(Man-in-the-Middle)*.

⟲ **Aplicación de *firewalls* e IDS/IPS.** Los *firewalls* controlan el tráfico entrante y saliente de la red, permitiendo solo el tráfico autorizado. Los IDS (sistemas de detección de intrusos) y los IPS (sistemas de prevención de intrusos) detectan y previenen amenazas con total proactividad. Se implementan de la siguiente manera:

⇕ Configurando *firewalls* para restringir el acceso entre las redes OT e IT.

⇕ Implementando zonas DMZ para proteger los servicios de acceso remoto y minimizar la exposición.

⇕ Usando IDS/IPS para detectar actividad sospechosa y bloquear automáticamente ataques en curso.

Como principales beneficios están el monitoreo continuo de la red en busca de actividad anómala, y la detección y respuesta proactiva frente a ataques cibernéticos.

2.5. Historia de los ataques a redes industriales: modelos

Como se intuye, los sistemas industriales no están exentos de ciberamenazas; de hecho, han sido y están siendo el blanco de cibertataques. Algunos de estos **incidentes de ciberseguridad históricos** son:

➲ *Stuxnet,* un *malware* que manipuló PLC para dañar centrifugadoras de uranio en Irán.

➲ *BlackEnergy,* responsable de apagones masivos al atacar la red eléctrica de Ucrania.

➲ *Triton/Trisis,* diseñado para manipular sistemas de seguridad industrial en plantas petroquímicas.

Cabe destacar que entre las principales amenazas existentes se encuentran las **amenazas internas,** como los errores humanos y la posible acción de empleados descontentos, quienes, ante la posibilidad de ser despedidos, podrían poner en riesgo los activos de información de la organización. Igualmente están los famosos **códigos maliciosos o *malware*,** cada vez más sofisticados, que aprovechan vulnerabilidades específicas de los sistemas informáticos y de información. También técnicas como los **ataques de denegación de servicio (DoS),** que son capaces de interrumpir operaciones críticas. Tampoco hay que olvidar los **accesos no autorizados a sistemas SCADA/HMI,** que comprometen el control y la supervisión.

IMPORTANTE

Los modelos de ataque a redes industriales permiten entender cómo los ciberatacantes son capaces de comprometer los sistemas de control industrial. *Stuxnet, BlackEnergy* y *Triton/Trisis* son ejemplos reales que demuestran que los atacantes siguen ciertos patrones de comportamiento. Esta información facilita la detección temprana y la aplicación de defensas específicas.

Conocer estos modelos permite a las empresas aplicar medidas de ciberseguridad más efectivas, como la segmentación de la red, la autenticación multifactor y el uso de IDS/IPS para detectar ataques en tiempo real.

- La necesidad de cifrar las comunicaciones entre PLC y HMI.
- La importancia de la segmentación de la red para proteger los niveles 0 y 1.
- Actualización de *firmware* y parches de seguridad en PLC y SCADA.

Esta información de valor no solo mejora la seguridad, sino que minimiza el impacto de los ataques en la producción y la disponibilidad de los sistemas. Conocer en profundidad todos estos casos y tipos de riesgos es clave para poder seguir fortaleciendo la ciberseguridad industrial.

- -

SABÍAS QUE...

El **modelo *Kill Chain*** es una metodología que describe las fases que sigue un ciberatacante para comprometer un sistema. Este modelo se divide en varias etapas, desde el reconocimiento inicial hasta la exfiltración de datos, lo que permite a las organizaciones identificar y detener a los atacantes en cada fase

Continúa en página siguiente >>

<< Viene de página anterior

del proceso. La *Kill Chain* se utiliza habitualmente en ciberseguridad para anticipar ataques, diseñar defensas proactivas y mitigar los riesgos de forma eficaz.

2.6. *Hacking* industrial

El *hacking* **industrial** sigue el esquema de fases de la ***Kill Chain,*** un modelo que describe cada paso que un ciberatacante sigue para comprometer un sistema. Desde la identificación de vulnerabilidades iniciales hasta la manipulación de los procesos industriales, este enfoque permite entender cómo se producen los ataques y, más importante aún, cómo **detenerlos antes de que lleguen a la fase de ejecución final,** puesto que suelen seguir las fases descritas en la *Kill Chain,* lo que permite a los ciberatacantes avanzar progresivamente desde la identificación de vulnerabilidades hasta la manipulación de los procesos operativos.

 **DEFINICIÓN**

Hacking **industrial**
Son las técnicas utilizadas por los atacantes para comprometer los sistemas de control industrial (ICS), como SCADA, PLC y otros dispositivos críticos en las plantas de producción, de energía o las infraestructuras esenciales.

El *hacking* **industrial** no solo explota las vulnerabilidades técnicas, sino que se aprovecha factores **humanos** y **amenazas internas,** como empleados descontentos o configuraciones incorrectas de los dispositivos críticos. Esta metodología se ha visto en ataques icónicos como ***Stuxnet, BlackEnergy*** y ***Triton,*** donde los atacantes lograron alterar procesos industriales, interrumpir la producción e incluso comprometer la seguridad física.

NOTA

Mientras que el *hacking* industrial se enfoca en atacar o defender sistemas de control industrial (ICS) y dispositivos de tecnología operativa (OT), el *hacking* de TI se enfoca en la información digital.

En el contexto del modelo *Kill Chain,* el *hacking* industrial se desarrolla de la siguiente forma:

Fase de reconocimiento
- Los ciberatacantes identifican los dispositivos industriales expuestos, utilizando herramientas como *Shodan* para localizar sistemas SCADA, HMI o PLC conectados a la red.

Fase de preparación de recursos o *weaponization*
- Creación de *malware* especializado, como *Stuxnet,* diseñado específicamente para manipular controladores lógicos programables (PLC).

Fase de entrega
- Los atacantes introducen el *malware* a través de dispositivos USB, *phishing* o ataques de intermediarios (MITM) en la red.

Fase de explotación
- Se aprovechan vulnerabilidades de protocolos como *Modbus, DNP3* u *OPC-UA,* que carecen de cifrado o autenticación.

Fase de instalación
- El atacante establece un punto de control persistente, por ejemplo mediante la instalación de puertas traseras en sistemas SCADA.

Fase de comando y control
- A partir de aquí, el atacante toma el control remoto del sistema para manipular los procesos industriales.

Fase de acción sobre el objetivo
- Finalmente, se altera la producción, se detiene la maquinaria o se manipulan los sistemas de control para provocar daños físicos o interrupciones operativas.

SABÍAS QUE...

El *hacking* industrial utiliza técnicas avanzadas para identificar y explotar vulnerabilidades en los sistemas de control industrial (ICS). Entre las técnicas más comunes se encuentran el *fuzzing*, que provoca fallos mediante el envío de datos aleatorios; el *sniffing* de redes industriales, que intercepta comunicaciones de protocolos no cifrados como *Modbus* y OPC-UA; y la explotación de vulnerabilidades conocidas en SCADA, HMI y PLC. Para prevenir estos ataques, se realizan pruebas de penetración controladas, como intentos de acceso remoto a HMI, simulaciones de interceptación de tráfico *Modbus* y análisis de sistemas OT no segmentados. Estas pruebas permiten detectar y corregir debilidades antes de que los atacantes reales las exploten, lo que fortalece la ciberseguridad industrial.

3. Definición de los estándares y conocimiento de las mejores prácticas de ciberseguridad industrial

☞ HILO CONDUCTOR

Mario, al notar el comportamiento inusual en el servidor, recordó los principios fundamentales de la ciberseguridad que había aprendido. Sabía que debía actuar con rapidez, comenzando por identificar las posibles amenazas que podían estar comprometiendo la red de TechSystems. Inmediatamente revisó los registros de actividad para buscar señales de un ataque de denegación de servicio o intentos de acceso no autorizado.

En un ecosistema global cada vez más interconectado, la ciberseguridad industrial se ha convertido en una necesidad prioritaria para proteger los sistemas de control industrial (ICS) y la tecnología operativa (OT). Estos sistemas, a diferencia de los entornos de TI, operan en tiempo real y controlan procesos físicos críticos que, de ser atacados, pueden afectar a la seguridad humana, la producción y la continuidad del negocio.

Para ayudar a afrontar con éxito esta situación, se han desarrollado normas y marcos de referencia internacionales que proporcionan las mejores prácticas para la protección de los entornos industriales. Destacan el **NIST SP 800-82,** el **NIST SP 800-53,** la **IEC 62443** y la **NERC CIP,** cada uno de los cuales aborda diferentes aspectos de la ciberseguridad industrial.

3.1. NIST SP 800-82. Securización de sistemas de control industrial

Después de comprender las técnicas de *hacking* **industrial** y en qué consisten las pruebas de penetración, es necesario conocer cómo **prevenir estos ataques.** Aquí es donde entra en juego la guía **NIST SP 800-82,** un estándar de referencia para la **protección de los sistemas de control industrial (ICS)** en entornos de **tecnología operacional (OT).**

El **NIST SP 800-82 es la guía de seguridad de la OT o tecnología operativa.** Proporciona recomendaciones clave para proteger dispositivos críticos como son los **controladores (PLC)** y **sistemas SCADA y HMI,** así como la infraestructura de red asociada. Este marco de seguridad establece políticas, procedimientos y controles técnicos específicos para mitigar las amenazas detectadas en las pruebas de penetración, como los ataques de *sniffing,* la explotación de vulnerabilidades o la falta de segmentación de la red.

 PARA SABER MÁS

Descubre cómo aplicar el NIST SP 800-82 para fortalecer la seguridad de los ICS y reducir la exposición al *hacking* industrial:

- **Aplicación de controles de seguridad específicos para sistemas de control industrial.**
- **Autenticación de usuarios y dispositivos:** verificación de la identidad de los usuarios y dispositivos antes de permitir el acceso.
- **Segmentación de la red:** separación de las redes ICS de las redes corporativas.
- **Monitoreo continuo:** vigilancia en tiempo real de los sistemas ICS para identificar anomalías.
- **Controles de acceso físico y lógico:** implementación de sistemas de acceso con tarjetas, claves de acceso y autenticación multifactor.

Continúa en página siguiente >>

<< Viene de página anterior

Accede a la web desde aquí:

https://redirectoronline.com/ifct00500307

Además de los controles básicos, existen medidas de seguridad avanzadas que refuerzan la protección de los sistemas industriales frente a ataques de *hacking* industrial. Están en el siguiente listado:

Medidas de seguridad avanzadas para la defensa integral para la ciberseguridad industrial

> El control de integridad de *firmware* y *software*, que verifica la autenticidad del *firmware* y el *software* mediante firmas digitales y códigos hash para evitar la instalación de versiones maliciosas, como sucedió con *Stuxnet*.

> La protección contra *ransomware* en ICS incluye la segmentación de red, el uso de listas blancas de aplicaciones y copias de seguridad inmutables para evitar interrupciones críticas.

> El cifrado de la comunicación en protocolos ICS, como Modbus o OPC-UA, asegura la privacidad de las comunicaciones mediante cifrado TLS y VPN industriales.

> La detección de anomalías con IA y *machine learning* permite identificar comportamientos anómalos en los sistemas de control, detectando ataques de día cero en tiempo real.

> La seguridad de la cadena de suministro de dispositivos ICS garantiza que los componentes y dispositivos provengan de fuentes seguras, evitando puertas traseras de *hardware*.

Continúa en página siguiente >>

<< Viene de página anterior

El control de acceso basado en identidad (IAM) aplica la autenticación multifactor y la asignación de roles (RBAC) para permitir solo accesos autorizados a SCADA, HMI y PLC.

La supervisión y auditoría de eventos de seguridad (SIEM para ICS) centraliza la actividad de los sistemas ICS y permite correlacionar eventos de ciberseguridad para detectar patrones maliciosos.

El uso de listas blancas de aplicaciones asegura que solo el *software* validado se pueda ejecutar en controladores SCADA y HMI, bloqueando archivos no autorizados.

El análisis de comportamiento de red (NBA) detecta comportamientos inusuales en el tráfico de red, lo que permite aislar dispositivos comprometidos.

Por último, la protección contra ataques *Man-in-the-Middle* (MITM) garantiza la autenticación y el cifrado de extremo a extremo mediante TLS, VPN seguras y certificados digitales, evitando la interceptación de las comunicaciones.

 **IMPORTANTE**

Todas estas medidas avanzadas forman una defensa integral para la ciberseguridad industrial que protege los sistemas de control crítico frente a amenazas cada vez más sofisticadas.

3.2. NIST SP 800-53. Estrategia de gestión de riesgos

La gestión de riesgos en ciberseguridad industrial consiste en identificar, evaluar y mitigar los riesgos que puedan afectar a la continuidad operativa de los sistemas. **NIST SP 800-53** establece controles para reducir la probabilidad de ciberataques y mitigar el impacto de posibles fallos de seguridad.

Descubre cómo se aplica la metodología NIST SP 800-53 para la evaluación de riesgos:

- **Identificación de activos crítico.** Identificar los componentes esenciales para la operación industrial. Por ejemplo, se identifican los dispositivos, sistemas, aplicaciones y datos esenciales para la continuidad operativa de la planta industrial. Los activos se clasifican por su nivel crítico, estableciendo cuáles son los más relevantes para la operación.
  Consejos:

  - Usar herramientas de Asset Discovery (descubrimiento de activos) para automatizar la detección de PLC, SCADA, HMI y dispositivos IoT industriales.
  - Crear una base de datos centralizada de los activos críticos que incluya información sobre su ubicación, versión de *firmware* y fecha de última actualización.

- **Análisis de amenazas.** Determinar posibles ataques, como *malware,* intrusión de red, etc. Por ejemplo, identificar las posibles amenazas que podrían afectar la operativa, como ataques de *malware,* intrusión de red, ataques de denegación de servicio o amenazas internas por fallos o implicaciones humanas.
  Consejos:

  - Implementar sistemas de *Threat Intelligence* (inteligencia de amenazas) para recibir información actualizada sobre nuevas amenazas.
  - Emplear soluciones de SIEM *(Security Information and Event Management)* para centralizar los registros de eventos y detectar patrones de ataques en la red.

- **Identificación de vulnerabilidades.** Localizar puntos débiles en los sistemas de control. Por ejemplo, localizar errores en los sistemas, protocolos y dispositivos industriales que pudieran ser explotados por los ciberatacantes, e identificar puntos de acceso no seguros, puertos abiertos o configuraciones incorrectas en los controladores de la planta.
  Consejos:

  - Realizar escaneos de vulnerabilidades periódicos con herramientas como *Nessus, OpenVAS* o *Tenable* para detectar debilidades en la red.
  - Usar análisis de *firmware* para detectar puertas traseras o versiones vulnerables de *firmware* en PLC y dispositivos IoT.
  - Identificar vulnerabilidades en los protocolos industriales, como Modbus, DNP3 o OPC-UA, que a menudo carecen de cifrado.

- **Evaluación del impacto.** Analizar el impacto que un ataque tendría en la operación industrial. Por ejemplo, determinar el grado de daño o interrupción que se produciría si una amenaza llegara a explotar una vulnerabilidad y evaluar el impacto económico, operativo y reputacional de los ataques.

Consejos:

◊ Usar herramientas de análisis de impacto de negocio (BIA) para calcular el tiempo de inactividad *(downtime)* que un ataque podría causar.
◊ Evaluar el Impacto en la producción *(Loss of Productivity - LOP)* y el impacto financiero *(Loss of Revenue - LOR)* causado por la interrupción de la planta industrial.
◊ Crear simulaciones de ciberataques para predecir el impacto en los sistemas críticos.

➲ **Implementación de controles de seguridad.** Aplicar las medidas de seguridad para mitigar los riesgos detectados. Por ejemplo, emplear medidas técnicas, operativas y administrativas para mitigar los riesgos identificados e implementar controles de seguridad que puedan servir de prevención, detección y respuesta.

Consejos:

◊ Implementar autenticación multifactor (MFA) para los sistemas SCADA, HMI y estaciones de trabajo críticas.
◊ Dividir la red en zonas y *conduits* según el modelo Purdue, separando la red IT (corporativa) de la red OT (operativa).
◊ Aplicar parches de seguridad para evitar la explotación de vulnerabilidades conocidas.
◊ Implementar sistemas de IDS/IPS (detección y prevención de intrusos) y EDR *(Endpoint Detection and Response)* para monitorear la red en busca de actividad sospechosa.
◊ Implementar herramientas de NBA para detectar tráfico anómalo en la red OT.

PARA SABER MÁS

Como medidas básicas de seguridad para reducir riesgos en sistemas industriales incluidas en NIST SP 800-53 se podrían aplicar las siguientes:

• El cifrado de datos, para proteger la información sensible transmitida entre sistemas.
• El acceso basado en roles, conocido como RBAC, para definir qué usuarios pueden acceder a qué partes del sistema.

Continúa en página siguiente >>

<< Viene de página anterior

- Las copias periódicas y automáticas de seguridad, para asegurar la recuperación de sistemas ante posibles incidentes.
- La actualización de *firmware* y parches de seguridad, para corregir vulnerabilidades conocidas.

Puedes conocer aquí cuáles son las últimas vulnerabilidades de seguridad conocidas y publicadas (INCIBE, 2024) que son conocidas y documentadas.

Accede a la web desde aquí:

https://redirectoronline.com/ifct00500308

3.3. IEC 62443. Procesos, personas y tecnología

La **Norma IEC 62443** proporciona un enfoque integral para proteger la tecnología operativa (OT) de las plantas industriales. Es una norma parecida a la conocida ISO 27001. Se basa en la creación de controles de seguridad que abarcan los procesos, las personas y la tecnología. Este estándar permite la certificación de empresas y sistemas industriales, garantizando la seguridad de sus operaciones.

 SABÍAS QUE...

Aunque la norma puede desglosarse en cuatro aspectos fundamentales, como son información general, políticas, sistema y componentes, los controles de seguridad clave para procesos, personas y tecnologías industriales sugeridas en IEC 62443 se resumen de la siguiente forma:

Continúa en página siguiente >>

<< Viene de página anterior

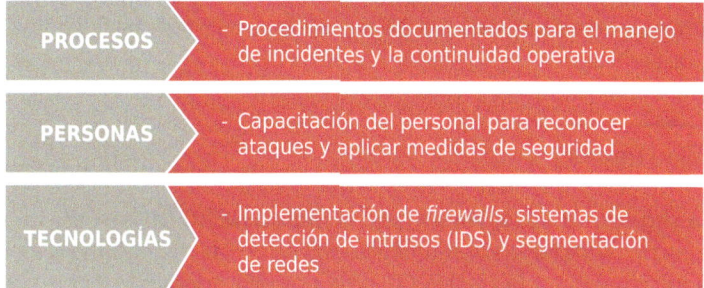

Además, se propone el análisis de los requisitos de conformidad y su aplicación en entornos reales a través de:

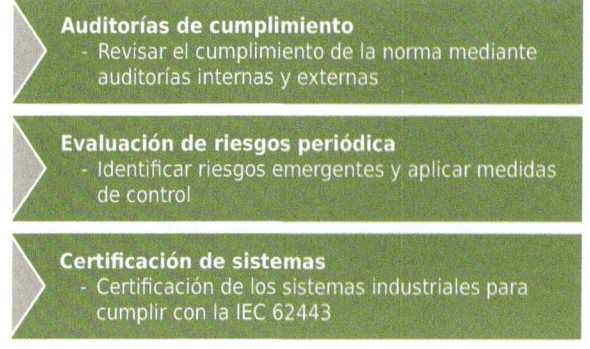

3.4. NERC CIP. Infraestructuras criticas de energía (USA)

El **NERC CIP** *(Critical Infrastructure Protection. North American Electric Reliability Corporation Critical Infrastructure Protection)* es un conjunto de **normas de ciberseguridad obligatorias diseñadas para proteger las infraestructuras críticas de energía en Estados Unidos.** Su objetivo principal es garantizar la disponibilidad, integridad y confiabilidad de los sistemas de energía eléctrica, protegiendo los sistemas de control industrial (ICS) utilizados en la generación, transmisión y distribución de electricidad.

El NERC CIP establece un marco que incluye una serie de requisitos y controles específicos aplicados a los **sistemas críticos de energía**. Estas normas están dirigidas a entidades operadoras de energía, entre las que están las **plantas de generación de energía, las subestaciones eléctricas y los operadores de red.** Las empresas deben cumplir con los requisitos de **auditoría y certificación** para garantizar la seguridad de las operaciones eléctricas críticas.

Seguridad Redes

La seguridad de las redes bajo el marco NERC CIP se basa en segmentar la red y proteger las comunicaciones entre las redes de TI o tecnología de la información y las redes OT o tecnología operacional que controlan las operaciones de las plantas de energía.

A continuación, accederás a detalles técnicos sobre cómo implementar la **segmentación de red,** utilizar *firewalls* **avanzados,** configurar sistemas de **detección y prevención de intrusos (IDS/IPS)** y aplicar **autenticación de red y cifrado** para proteger las comunicaciones críticas:

➲ **Segmentación de la red:**

- ◔ Dividir la red en zonas de seguridad (control de acceso por zonas) y *conduits* que limiten la interconexión entre la red IT y la red OT.
- ◔ Implementar el modelo Purdue para establecer zonas diferenciadas (red corporativa, red de control, red de supervisión, etc.).

En el contexto de ciberseguridad industrial y del modelo Purdue, los *conduits* son los canales de comunicación que conectan diferentes zonas de seguridad o niveles dentro de una red segmentada. Sirven como puentes controlados para permitir el intercambio de datos entre zonas mientras aplican medidas de seguridad específicas para proteger la comunicación.

➲ *Firewalls* **y controles de acceso:**

- ◔ Los *firewalls* industriales separan las redes OT e IT, filtrando el tráfico basado en reglas predefinidas.
- ◔ Se utilizan *firewalls* de próxima generación como los NGFW, que pueden identificar y bloquear tráfico malicioso en tiempo real.

Los NGFW (*firewalls* de próxima generación) son dispositivos de seguridad de red avanzados que van más allá de las capacidades de un *firewall* tradicional. No solo filtran el tráfico basado en direcciones IP y puertos, sino que también inspeccionan el contenido del tráfico en tiempo real, analizan aplicaciones y detectan amenazas avanzadas utilizando tecnologías como detección de intrusos (IDS/IPS), inspección profunda de paquetes (DPI) y control granular de aplicaciones.

➲ **Detección y prevención de intrusos (IDS/IPS):**

◍ Los sistemas IDS (sistemas de detección de intrusos) supervisan la red y generan alertas ante actividad sospechosa.

◍ Los IPS (sistemas de prevención de intrusos) no solo detectan anomalías, sino que también bloquean automáticamente el tráfico malicioso.

Combinar IDS e IPS ofrece una protección integral, clave en las redes industriales para proteger sistemas SCADA, HMI y PLC frente a ataques y movimientos laterales. Hay que destacar que el movimiento lateral es una técnica usada por los atacantes para desplazarse dentro de una red tras haber comprometido un punto inicial, explorando otros sistemas o dispositivos con el objetivo de ampliar su acceso y atacar activos más críticos.

➲ **Autenticación de red y cifrado:**

◍ Uso de VPN industriales y cifrado TLS para proteger la comunicación entre dispositivos críticos.

◍ Implementación de 802.1X para controlar el acceso a la red basado en la identidad de los dispositivos y usuarios.

La autenticación de red mediante estándares como 802.1X asegura que solamente los dispositivos y los usuarios autorizados puedan acceder a la red, añadiendo una capa de control necesaria para evitar accesos no deseados. Por otro lado, el cifrado TLS y las VPN industriales garantizan que las comunicaciones entre los dispositivos críticos sean seguras y no puedan ser interceptadas, para proteger la confidencialidad e integridad de los datos frente a ataques como el *Man-in-the-Middle* (MITM).

Seguridad Activos/Dispositivos

La seguridad de los dispositivos bajo el estándar NERC CIP se centra en proteger los **activos físicos y lógicos** que participan en la producción y distribución de energía. En este sentido, aquí se incluyen los **controladores lógicos programables (PLC), las interfaces HMI, los sistemas SCADA y los dispositivos de campo.**

Veamos a continuación qué abarcan los controles técnicos más importantes en torno a la seguridad de los activos y los dispositivos:

● **Inventario y clasificación de activos:**

○ Se deben identificar, clasificar y documentar todos los activos físicos y lógicos, desde dispositivos de control hasta estaciones de trabajo.

○ Se debe usar una base de datos de activos centralizada que incluya los detalles del dispositivo, el estado del *firmware* y la fecha de la última actualización.

● **Control de acceso a dispositivos:**

○ Implementación de sistemas de control de acceso físico, como tarjetas de acceso RFID, cerraduras inteligentes o sistemas biométricos para acceder a las salas de control.

○ Control de acceso lógico mediante autenticación multifactor (MFA) para acceder a los sistemas HMI, SCADA y estaciones de ingeniería.

● **Endurecimiento de dispositivos *(hardening)*:**

○ Eliminación de servicios no esenciales y deshabilitación de puertos que no se utilicen.

○ Actualización de *firmware* para corregir vulnerabilidades conocidas.

○ Configuración de listas blancas de aplicaciones para permitir solo la ejecución de *software* autorizado.

● **Monitoreo de dispositivos:**

○ Uso de sistemas de detección de intrusos (IDS) de dispositivos para supervisar la actividad de dispositivos críticos.

○ Supervisión en tiempo real de cambios no autorizados en la configuración de controladores PLC, SCADA y HMI.

Seguridad datos y aplicaciones

La seguridad de los datos y aplicaciones bajo NERC CIP se centra en proteger la **integridad, confidencialidad** y **disponibilidad** de los datos críticos que se utilizan para controlar la red de energía eléctrica. Esto implica la protección de las bases de datos, las aplicaciones de control, los registros de eventos de seguridad y la información operativa, o lo que es lo mismo:

● Protección de los controladores lógicos programables (PLC), SCADA y HMI.

- Aplicación de técnicas de endurecimiento de dispositivos industriales *(hardening)*.
- Uso de listas blancas, actualizaciones de *firmware* y autenticación fuerte.

Una **herramienta** destacada para la **simulación de ataques en entornos OT/IoT** es *Caldera,* desarrollada por MITRE en colaboración con la Agencia de Seguridad de Infraestructura y Ciberseguridad de EE. UU. (CISA).

CALDERA (Mitre, 2024) es una plataforma de código abierto que permite emular ciberataques en sistemas de tecnología operativa, facilitando la evaluación y mejora de la seguridad en dispositivos industriales como ICS, SCADA y PLC. Es especialmente útil para analizar vulnerabilidades y probar estrategias de mitigación en entornos seguros.

 **PARA SABER MÁS**

Para aprender a utilizar *Caldera,* el INCIBE-CERT (2024) ofrece una guía detallada en español que incluye desde la instalación hasta ejemplos prácticos de uso. Además, se puede complementar el aprendizaje con tutoriales en vídeo como *Caldera en acción* (Mitre, 2024), que aborda los primeros pasos en el uso de herramientas de simulación de ataques, o bien acceder a guías tutoriales como la creada por NATASEC (2020), Mitre Caldera: primeros pasos.

Accede a los tutoriales desde aquí:

Continúa en página siguiente >>

<< Viene de página anterior

https://redirectoronline.com/ifct00500310

https://redirectoronline.com/ifct00500311

 TAREA 2

Formas parte del equipo de ciberseguridad de una planta industrial. Se te ha asignado la tarea de evaluar la seguridad de los sistemas de control industrial (ICS) mediante la herramienta de simulación CALDERA. El objetivo es identificar vulnerabilidades y proponer medidas de mitigación.

Tu misión es realizar las siguientes simulaciones de ataque controlado, como el movimiento lateral para identificar el acceso no autorizado a dispositivos PLC, el ataque de denegación de servicio (DoS) para comprobar la resistencia de los PLC y SCADA y la explotación de vulnerabilidades de protocolo para interceptar y manipular la comunicación mediante el protocolo Modbus.

Una vez que completaste las simulaciones, tienes que identificar en una tabla al menos tres vulnerabilidades críticas, describir sus causas, posibles impactos, y proponer las medidas de mitigación adecuadas.

---

4. Resumen

La **ciberseguridad industrial** se ha convertido en una prioridad para las organizaciones que buscan proteger sus sistemas de control y activos industriales de ciberataques.

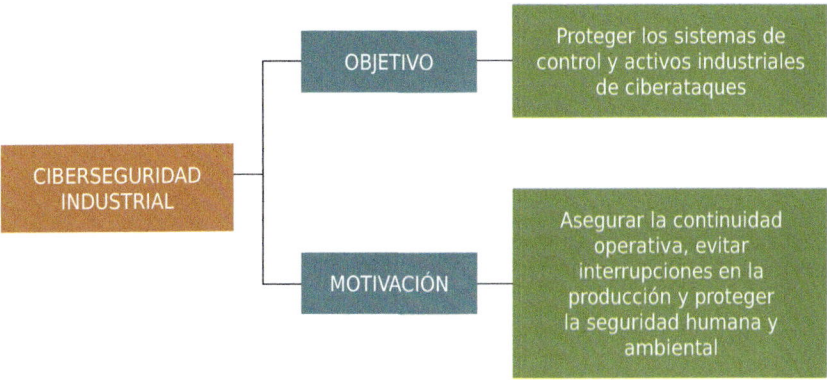

Para ello, conocer las amenazas más comunes, los modelos de ataque y las herramientas disponibles para mitigar riesgos es fundamental.

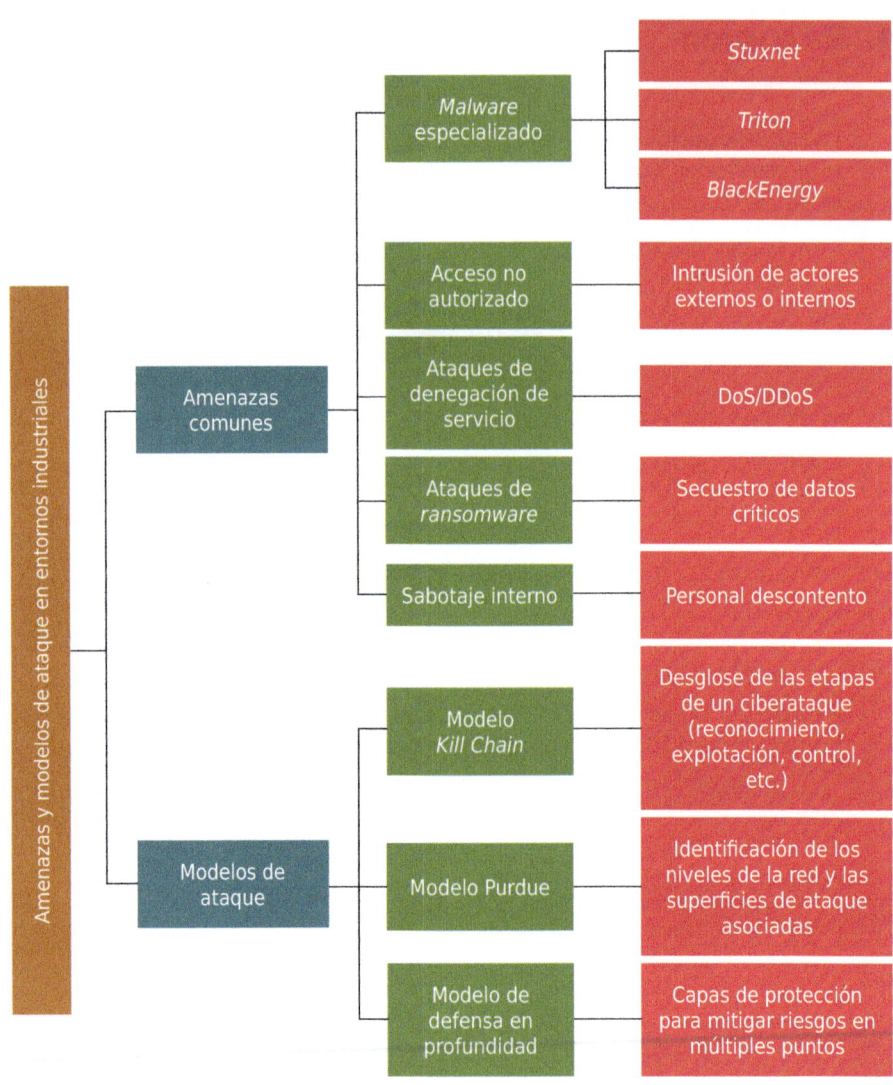

HERRAMIENTAS PARA MITIGAR LOS RIESGOS DE CIBERSEGURIDAD INDUSTRIAL

Herramientas de detección y monitorización	Herramientas de evaluación y simulación
- **IDS/IPS** (sistemas de detección y prevención de intrusiones) - **SIEM** (monitorización y correlación de eventos de seguridad) - **Sistemas de monitoreo SCADA** (para supervisar y alertar sobre cambios anómalos en el sistema)	- *Shodan* (búsqueda de dispositivos industriales expuestos) - *Fuzzing Tools* (envío de datos aleatorios para detectar fallos de seguridad) - *Pentesting Tools* (pruebas de penetración para identificar vulnerabilidades)

Herramientas de protección y control

- *Firewalls* **industriales** (protección de la red y control de tráfico)
- **VPN seguras** (acceso remoto protegido)
- **Sistemas de control de acceso** (RBAC, listas blancas)

También es imprescindible estar al tanto de los **principales estándares internacionales (NIST, IEC 62443 y NERC CIP),** así como las técnicas de protección de redes, dispositivos y datos industriales.

NIST SP 800-82 (securización de sistemas de control industrial - ICS)	Recomendaciones para la protección de PLC, HMI, SCADA y otros sistemas de control	Aplicación de controles de acceso, segmentación de red y autenticación
NIST SP 800-53 (estrategia de gestión de riesgos)	Identificación de activos críticos, amenazas, vulnerabilidades y evaluación del impacto	Aplicación de controles para reducir los riesgos, como autenticación multifactor, cifrado y control de acceso
IEC 62443 (seguridad de OT: procesos, personas y tecnología)	Controles de seguridad específicos para tecnología operativa (OT)	Requisitos de conformidad y certificación para garantizar la seguridad en los sistemas de control industrial
NERC CIP (protección de infraestructuras críticas de energía)	Controles específicos para el sector de energía en EE. UU.	Seguridad de redes, activos/dispositivos y datos

En este contexto, es importante también aplicar las buenas prácticas de ciberseguridad industrial, adoptando una **defensa en profundidad** y empleando **herramientas de simulación** para poder anticipar posibles ataques, a fin de que, como profesionales de la seguridad cibernética, se cuente con una base necesaria de conocimientos para implementar **medidas de seguridad robustas para la protección de operaciones críticas.**

Técnicas de protección de redes, dispositivos y datos industriales

PROTECCIÓN DE REDES
- **Segmentación de la red:** separación de redes industriales y redes de TI.
- *Firewalls* **industriales:** Creación de "zonas de confianza" y control de tráfico de red.
- **Uso de IDS/IPS:** detección y prevención de intrusiones en la red.

PROTECCIÓN DE DISPOSITIVOS
- **Endurecimiento *(hardening)* de dispositivos:** configuración segura de PLC, SCADA y HMI.
- **Actualización de *firmware:*** aplicación de parches de seguridad y corrección de vulnerabilidades.
- **Listas blancas de aplicaciones:** control de los programas y procesos permitidos en los dispositivos.

PROTECCIÓN DE DATOS
- **Cifrado de datos:** protección de datos en tránsito y en reposo mediante técnicas de cifrado.
- **Control de acceso basado en roles (RBAC):** definición de accesos según el rol de cada usuario.
- **Política de control de versiones:** control de cambios en archivos críticos para evitar modificaciones no autorizadas.

Buenas prácticas de ciberseguridad industrial

APLICAR LA DEFENSA EN PROFUNDIDAD
- Protección en **múltiples capas** *(firewalls,* IDS, autenticación multifactor, etc.)
- Aplicación de controles de acceso y monitoreo en cada nivel del modelo Purdue

GESTIÓN DE LA SEGURIDAD OPERATIVA
- **Capacitación continua** de los empleados para detectar amenazas
- **Auditorías de seguridad periódicas** para revisar la conformidad con normas y marcos internacionales

IMPLEMENTACIÓN DE LA RESPUESTA A INCIDENTES
- **Plan de respuesta a incidentes (IRP)** para detectar, contener y recuperar sistemas en caso de un ataque
- **Pruebas de simulación de ataques** (ciberjuegos) para identificar brechas de seguridad

MONITOREO Y EVALUACIÓN DE LA SEGURIDAD
- **Monitoreo continuo** con SIEM para detectar patrones de ataque
- **Gestión de parches** para aplicar actualizaciones de seguridad de forma proactiva

Herramientas de simulación y pruebas de seguridad

SIMULACIÓN DE ATAQUES
- Simulación de ciberataques para evaluar la eficacia de las defensas de la red
- Pruebas de penetración *(pentesting):* pruebas controladas para identificar vulnerabilidades explotables
- Pruebas de *fuzzing:* envío de datos aleatorios a sistemas industriales para identificar posibles fallos

Ejercicios de autoevaluación
Unidad de Aprendizaje 2

1. Indica si las siguientes afirmaciones son verdaderas o falsas.

a. La transformación digital en la industria ha permitido la automatización de procesos y la conexión de sistemas industriales con la tecnología de la información y otras tecnologías emergentes.

- ■ Verdadero
- ■ Falso

b. Los entornos industriales, a diferencia de los sistemas de TI tradicionales, deben garantizar la continuidad operativa y la seguridad de los procesos físicos.

- ■ Verdadero
- ■ Falso

c. Para lograr una protección efectiva, se requiere una segmentación adecuada de la red industrial que permita controlar, aislar y proteger los diferentes niveles de los sistemas de control.

- ■ Verdadero
- ■ Falso

2. ¿Cuál es el objetivo principal de la ciberseguridad industrial?

a. Proteger los sistemas de información de la empresa.
b. Asegurar la continuidad operativa y la seguridad de los sistemas de control industrial (ICS).
c. Incrementar la eficiencia operativa mediante la automatización.
d. Reducir los costos de producción de la planta industrial.

3. ¿Qué diferencia la ciberseguridad de los sistemas de TI de la ciberseguridad de los sistemas OT?

a. La ciberseguridad OT prioriza la disponibilidad y la seguridad física.
b. La ciberseguridad de TI prioriza la disponibilidad y la seguridad física.

c. La ciberseguridad de TI no utiliza herramientas de *hacking* ético.
d. La ciberseguridad OT solo se aplica en entornos de la nube.

4. ¿Cuál de las siguientes afirmaciones sobre la transformación digital en la industria es correcta?

a. La automatización de procesos reduce la exposición a ciberamenazas.
b. La transformación digital elimina la necesidad de controladores lógicos programables.
c. La transformación digital se aplica solo en la red corporativa.
d. La transformación digital expone los sistemas industriales a nuevas amenazas cibernéticas.

5. ¿Cuántos niveles conforman el modelo Purdue?

a. 5
b. 6
c. 7
d. 4

6. ¿Cuál es la amenaza principal a la que se enfrenta el nivel 0 del modelo Purdue?

a. Acceso no autorizado a sistemas de control.
b. *Ransomware* dirigido a servidores de bases de datos.
c. Manipulación física de sensores y actuadores.
d. Acceso remoto no controlado a sistemas SCADA.

7. ¿Cuál de las siguientes técnicas de ataque permite interceptar la comunicación de protocolos industriales no cifrados?

a. *Sniffing*
b. *Fuzzing*
c. Explotación de vulnerabilidades
d. Análisis de riesgos

8. **¿Cuál de los siguientes estándares está enfocado a la protección de la energía eléctrica en Estados Unidos?**

    a. NIST SP 800-82
    b. IEC 62443
    c. NERC CIP
    d. ISO 27001

9. **¿Qué herramienta de simulación de ataques es utilizada para entrenar la ciberseguridad en entornos OT/IT?**

    a. *Nmap*
    b. *Wireshark*
    c. *Nessus*
    d. *CALDERA*

10. **¿Cuál de las siguientes medidas es esencial para proteger los sistemas SCADA?**

    a. Cifrado TLS para la comunicación
    b. Uso de Modbus sin autenticación
    c. Acceso remoto no controlado
    d. Exposición pública de sistemas SCADA

Glosario

Acceso remoto

Método de conexión a un sistema o red desde una ubicación externa a través de internet o una VPN segura.

Actualización de *firmware*

Proceso de actualización del *software* interno de dispositivos industriales para corregir errores o mejorar la seguridad.

Análisis de impacto de negocio (BIA)

Metodología para evaluar el impacto que tendría una interrupción de las operaciones en la empresa.

Análisis de riesgos

Proceso de identificación, evaluación y priorización de los riesgos que afectan la seguridad de los sistemas.

Ataque de denegación de servicio (DoS)

Tipo de ataque que busca saturar un sistema o red para interrumpir su disponibilidad.

Autenticación multifactor (MFA)

Método de autenticación que requiere múltiples formas de verificación para acceder a un sistema.

***Backdoor* (puerta trasera)**

Mecanismo oculto que permite acceso no autorizado a un sistema o dispositivo.

Bucle de control (control *loop*)

Conjunto de dispositivos de control que interactúan para regular un proceso industrial.

Caldera (MITRE)
Herramienta de simulación de ataques cibernéticos que permite emular ciberataques en sistemas OT/IT.

Ciberseguridad OT *(Operational Technology)*
Conjunto de estrategias y medidas de seguridad aplicadas a sistemas industriales para proteger la tecnología operativa.

Control de acceso
Restricción del acceso a sistemas, archivos o áreas físicas solo a usuarios autorizados.

Controlador lógico programable (PLC)
Dispositivo utilizado para automatizar y controlar procesos industriales.

Conduits (conductos de red)
Segmentos de red que permiten la comunicación controlada entre distintas zonas de una red industrial.

Criptografía
Técnica para proteger la información mediante el cifrado, de modo que solo las partes autorizadas puedan acceder a ella.

DMZ (zona desmilitarizada)
Subred que actúa como capa de seguridad intermedia entre la red interna y la externa.

Endurecimiento de dispositivos *(hardening)*
Proceso de configurar dispositivos para minimizar sus vulnerabilidades y reducir la superficie de ataque.

Escaneo de vulnerabilidades
Proceso automatizado para detectar debilidades o fallos de seguridad en sistemas, redes y aplicaciones.

Exploit
Código o técnica que aprovecha una vulnerabilidad en un sistema para comprometer su seguridad.

Firewall (cortafuegos)
Dispositivo o *software* que controla y filtra el tráfico de red entrante y saliente.

IDS (sistema de detección de intrusos)
Sistema que monitorea y alerta sobre actividades sospechosas en la red.

IPS (sistema de prevención de intrusos)

Sistema que detecta y bloquea actividades maliciosas en la red en tiempo real.

ISA-95 (modelo Purdue)

Modelo de segmentación de redes industriales que separa la red en niveles jerárquicos para garantizar su seguridad.

Kill chain (cadena de ataques)

Modelo que describe las fases por las que pasa un atacante al comprometer un sistema.

Listas blancas *(whitelisting)*

Mecanismo de seguridad que solo permite la ejecución de aplicaciones o procesos autorizados.

Malware

Software malicioso diseñado para dañar, interrumpir o comprometer la seguridad de un sistema.

Modelo Purdue

Arquitectura de red que segmenta los sistemas industriales en seis niveles jerárquicos para proteger la comunicación y la seguridad.

Modbus

Protocolo de comunicación maestro-esclavo que se utiliza para conectar dispositivos industriales.

NERC CIP

Conjunto de estándares de ciberseguridad para proteger infraestructuras críticas de energía en Estados Unidos.

NIST SP 800-53

Marco de control de ciberseguridad que establece controles para la gestión de riesgos en sistemas de TI y OT.

NIST SP 800-82

Guía que proporciona recomendaciones para proteger los sistemas de control industrial (ICS) y sus dispositivos asociados.

Nozomi Networks

Plataforma de ciberseguridad industrial que supervisa y protege los sistemas de control industrial (ICS) y las redes OT.

OPC-UA
Protocolo de comunicación segura que se utiliza para la interoperabilidad entre dispositivos de control industrial.

Protocolo de comunicación
Reglas y normas que permiten la comunicación entre dispositivos y sistemas.

RBAC (control de acceso basado en roles)
Sistema que permite asignar permisos de acceso a los usuarios según sus funciones o roles.

RTU (unidad terminal remota)
Dispositivo que permite la supervisión y control remoto de sistemas industriales.

SCADA (supervisión, control y adquisición de datos)
Sistema que permite monitorear y controlar procesos industriales de forma remota.

Segmentación de red
Técnica de dividir una red en segmentos aislados para limitar el acceso y reducir el impacto de posibles ataques.

Shodan
Motor de búsqueda de dispositivos IoT y sistemas industriales conectados a internet, útil para identificar vulnerabilidades.

Superficie de ataque
Conjunto de puntos de entrada o acceso que un atacante puede usar para comprometer un sistema.

VPN (red privada virtual)
Red segura que permite la conexión remota cifrada a otra red a través de internet.

Bibliografía

Monografías

→ LÓPEZ Benítez, Y.: *Gestión de la seguridad informática en la empresa.* Antequera: IC Editorial, 2019.

> Temática relacionada con la seguridad de la información desde la perspectiva de la empresa.

→ GONZÁLEZ, P. y GARCÍA, J.: *Metasploit para pentesters: de 0 a 100.* Madrid: 0xWord, 2018.

> Este libro se centra en el uso de *Metasploit,* una herramienta esencial para pruebas de penetración en entornos industriales. Proporciona una guía práctica desde nivel básico hasta avanzado.

→ SEVILLANO Jaén, F.: *Ciberseguridad industrial e infraestructuras críticas.* RA-MA Editorial, 2021.

> Este libro ofrece una visión completa de la ciberseguridad en entornos industriales y en infraestructuras críticas. Aborda cuestiones como las amenazas más comunes, los marcos de gestión del ciberriesgo y las medidas de detección temprana.

Textos electrónicos, bases de datos

→ Asset Discovery. Plataforma de identificación de activos críticos, de: <https://www.assetdiscovery.com>.

> Página que proporciona herramientas de descubrimiento de activos para la identificación de dispositivos en sistemas industriales.

→ Contando bits. Qué es y cómo usar *Shodan,* de: <https://youtu.be/9vVZQ1jjHt0>.

> Vídeo que ofrece una guía práctica sobre el uso de *Shodan,* un motor de búsqueda especializado en dispositivos conectados a Internet. A través de este tutorial se explican sus funcionalidades y se brindan instrucciones para aplicar los conocimientos en entornos de ciberseguridad, específicamente en *Kali Linux.*

[105]

→ *Cybersecurity & Infrastructure Security Agency* (CISA), de: <https://www.cisa.gov>.

> Este sitio proporciona recursos de ciberseguridad y protección de infraestructuras críticas, además de guías para la seguridad de los sistemas OT e IT.

→ ESET. Soluciones de ciberseguridad avanzada, de: <https://www.eset.com>.

> Recurso que ofrece información sobre soluciones de ciberseguridad para la protección de sistemas OT e IT en entornos industriales.

→ IBM. Soluciones de ciberseguridad para la industria 4.0., de: <https://www.ibm.com>.

> Ofrece soluciones de ciberseguridad para proteger los sistemas de control industrial (ICS) y garantizar la integridad operativa de los entornos OT.

→ INCIBE. Instituto Nacional de Ciberseguridad de España, de: <https://www.incibe.es>.

> Recurso que presenta información sobre ciberseguridad, recursos de formación y herramientas para mitigar las amenazas cibernéticas.

→ *International Electrotechnical Commission* (IEC). Normas IEC de ciberseguridad, de: <https://www.iec.ch>.

> Página oficial de la IEC en la que se pueden consultar normas internacionales como la IEC 62443, aplicables a la ciberseguridad industrial.

→ *Kali Linux* (2024). Herramientas de ciberseguridad de *Kali Linux*, de: <https://www.kali.org>.

> Web de *Kali Linux* que proporciona acceso a una distribución especializada en ciberseguridad y pruebas de penetración. Utilizada para realizar auditorías de seguridad en sistemas OT e IT.

→ Learn Microsoft. Documentación de Microsoft Learn, de: <https://learn.microsoft.com>.

> Microsoft Learn proporciona documentación y guías para la implementación de servicios de ciberseguridad en la nube y para proteger entornos OT/IT.

→ MITRE. Herramientas de simulación de ciberataques, de: <https://www.mitre.org>.

> Proporciona acceso a herramientas de simulación de ciberataques como *Caldera*, que permite la evaluación de la seguridad de los entornos OT.

→ Nozomi Networks (n.d.). *Plataforma de ciberseguridad industrial,* de: <https://es.nozominetworks.com/>.

> Sitio web que ofrece información detallada sobre Nozomi Networks, una plataforma líder en ciberseguridad industrial especializada en proteger sistemas de control industrial (ICS) y redes OT. Proporciona herramientas avanzadas para la detección de amenazas, visibilidad en tiempo real y análisis de riesgos en entornos industriales.

→ *Shodan*. Plataforma de búsqueda de dispositivos conectados a internet, de: <https://shodan.io>.

> La plataforma *Shodan* permite identificar y analizar dispositivos conectados a internet, incluyendo cámaras, *routers* y sistemas SCADA.